〈改訂版〉

ついに最後の投資になる!

はじめての アンティーク コイン投資

安井将弘 著

一生に1枚は持ちたい

博物館に収蔵 すべき歴史遺産!

Museum Piece

ミュージアムピース

—博物館の作品—

セルバ出版

★★★★★ 世界現存数 6 〜 10 枚

1662 年 チャールズ 2 世 クラウンプルーフ金貨（試鋳貨） R5

世界で初めて作られたプルーフ貨幣
ウィキペディアにも掲載される程有名なコイン

ハンマー打ちから機械打ちに代わって間もないコイン。世界のプルーフ貨幣の起源となる学術的にも希少な試鋳金貨。

★★★★★ 発行数 20 枚

1703 年 アン女王 5 ギニー金貨 VIGO R4

通称「ヴィゴ」と呼ばれる希少金貨
約 1 億円で落札された程の人気ぶり

3 種類の VIGO が存在するがいづれも希少なもの、スペイン艦隊との戦勝記念として戦利品の金で僅か 20 枚のみ作られた金貨。

 発行数 5 枚

1777年 ジョージ3世 5ギニー試鋳金貨 R6

世界初の5ギニー金貨、巡り合うのが不可能と言われる程レアな逸品

現存しているものは1770年と1773年の各3枚と、1777年の5枚のみと言われる大珍品。
目にすることが幻というコイン。

 発行数 18 枚 R4

1817年 ジョージ3世 クラウンプルーフ銀貨 インコラプタ

銘文のラテン語から通称"インコラプタ"と呼ばれる知る人ぞ知る逸品

1658年銘のオリバー・クロムウェルのクラウン貨の紋章のデザインを当世風にアレンジして
使用し、18枚の銀打ち貨と7枚の金打ち貨の合計25枚が特別製作された。

発行数 50〜10枚

1817年　ジョージ3世　クラウンプルーフ銀貨　スリーグレーセス　R2

描かれた3人の美女はスリーグレーセスと呼ばれる名品、ルーベンス

3人それぞれがイングランド・スコットランド・アイルランドの象徴として描かれ、その足元にはセントジョージの盾、アザミの花、ハープがあしらわれたデザインの妙といえる逸品。

世界現存数 3〜5枚

1817年　スリーグレイセス試鋳金貨　R6

**ウナ＆ライオン、ゴチッククラウンと並び、
イギリス貨幣史を彩るウィリアム・ワイオンの傑作**

3枚が博物館に収蔵され、2018年12月開催の国内オークションで、手数料を含め約1億円で落札された幻の1枚。次回市場に出てくるときがあるのだろうか？

★ ★ ★ ★ ★ 発行数 **25**枚

1820年 ジョージ3世 5ポンドプルーフ金貨 R4

イタリア出身の彫刻家であるベネデット・ピストルッチの代表作

5ポンド金貨はジョージ3世の為に1820年に初めて鋳造されたが、正式には発行されず、プルーフ試作貨としてだけ存在する希少なコイン

★ ★ ★ ★ ★ 発行数 **150**枚

1826年 ジョージ4世 5ポンドプルーフ金貨 R2

**発行数150枚とウナ＆ライオンの400枚を超える希少性の為
滅多に市場に出てこない奇跡の1枚**

ジョージ4世の横顔の立体感や髪の毛の流れまでもが美しく描かれ、裏面の間王冠を戴くマントとその内側の紋章のデザインは、英国貨幣史上最も美しい紋章と評される

★★★★☆ 世界現存数 6〜10 枚

1831 年 ウィリアム 4 世 5 ポンドプルーフ金貨（試鋳貨） R5

歴代国王の大型金貨を収集する上で最も入手困難なコイン

10 枚以下という現存数は滅多なことでは目にできないコレクター垂涎の的、国王別にコレクションする上で最大のネックとなる。

★★★☆☆ 発行数 400 枚

1839 年 ヴィクトリア女王 5 ポンド金貨 ウナ＆ライオン R2

世界中のコレクターが "いつかは手に入れたい" と願う希少金貨、
通称「ウナ＆ライオン」

表にはヴィクトリア女王の肖像、裏面は宝珠と笏を持ったウナがライオンを従えている構図。
発行数 400 枚という希少性とデザインの美しさが『世界で最も美しい金貨』称される。

★★★★★ 世界現存数 **3〜5** 枚

rarity **R6**

1839 年 ヴィクトリア女王 5 ポンド金貨 ウナ＆ライオン WR-277

この世で入手できる「ウナ＆ライオン」の中でも最も入手困難なものの 1 枚

ヴィクトリア女王頭部の後ろリボンの模様、ウナのガーター勲章のないことがわかりやすい特徴。

★☆☆☆☆ 発行数 **8000** 枚

R

1847 年 ヴィクトリア女王 ゴチッククラウンプルーフ銀貨

「世界で最も美しい銀貨」と言って過言ではない大型銀貨

ヴィクトリア女王が描かれ、かの有名な「ウナ＆ライオン 5 ポンド金貨」もデザインしたウィリアム・ワイオン作のとても緻密なデザインが美しい。

世界現存数 6〜10 枚

1887年 ヴィクトリア女王 クラウン金貨（試鋳貨）R5

**ヴィクトリア女王の大型試鋳金貨の中で
ゴチッククラウンに次いで入手困難な1枚。**

王室御用達コイン・メダル会社スピンク&サン社によるヴィクトリア女王の在位50年を記
念した試鋳金貨。"SPINK&SON" が彫られています

発行数 30 枚

1935年 ジョージ5世 クラウン金貨（試鋳貨）R3

**30枚の内、25枚が流通し、
残り5枚は博物館に収蔵された大珍品**

最も近年に発行されたため、比較的状態のいい物が多いが、入手困難になりつつある希少ク
ラウン試鋳金貨。

改訂版　はじめに

　新型コロナウイルス感染症が 2023 年 5 月 8 日から、季節性インフルエンザと同じ感染症法の位置付けが「5 類感染症」になり、行動制限がなくなったことで、平常の生活へと少しずつ変わる只今、目に見えない力により当たり前だった毎日がある日突然当たり前でなくなることをまざまざと見せつけられました。3 年前の 2020 年、全世界がコロナショックに見舞われました。そして、各国が感染を防ぐための経済活動自粛を行い、経済は一時的にストップ。株価は、ブラックマンデーやリーマンショック級の落ち込みとなりました。

　続く 2022 年の幕開けは、ロシアとウクライナ・欧米間の緊張が高まり、地政学的リスクが顕在化した年となりました。2 月 24 日木曜日の早朝にロシアがウクライナへの本格的な軍事侵攻を開始するなど、事態は一転して険悪な様相を呈しています。この危機は現在もなお続いており、事態の成り行きについて確固たる結論を出すことが不可能となっています。残念ながら短期的な沈静化の見込みは薄らいでおり、何百万人もの人々に影響を与え、日本でも台湾情勢による隣国との脅威が対岸の火事と言っていられない状況となっています。

　さて、投資の世界に目を向ければ、コロナショックをきっかけに、実物資産が注目を浴びました。もっと詳しく言うなら有事に強い金資産であるコインへの投資熱が、かつてないほど高まっているのです。これまで、株・投資信託・債券・FX・不動産投資などで痛い目に遭ってこられた方々が、実物資産としてのアンティークコイン・モダンコイン・地金型コインの有望さに気づき始めています。これらのコインは、そういった方々にとってまさに "最後の砦、起死回生の投資"。その結果、コイン投資を始める方が右肩上がりで増えています。

　新規のお客様が多数、新神戸駅前にある弊社のショールームへお越しになり、「アンティークコインとは何？」「どのコインに投資すればいいの？」と様々な質問を寄せてくださいます。

　本書は、そういった疑問をお持ちの方にアンティークコイン投資のノウ

ハウを余すところなくお伝えする内容となっております。コイン投資をおすすめする背景となっている世界の経済状況についても、独自の視点で切り込んでおります。お読みいただいて損はありません。

　さて、これまであまり世に知られていなかったコイン投資が、徐々に日の目を見るようになると、それに呼応するように、アンティークコインの新興会社も増えてまいりました。そういう意味でお客様にとっての選択肢は増えましたが、もちろん必ずしも良心的な会社ばかりではありません。後発企業の中には、（コイン投資界隈が儲かりそうだと）金の匂いを嗅ぎつけ、儲けるためだけに起業した会社も少なからずございます。そうした会社は、例えばYouTube動画にて、経済不況や将来の生活資金不足を訴えるなどお客様の不安を煽ってばかり。その結果、毎日ひっきりなしに届くメールや値下げ競争など、コインショップ同士の足の引っ張り合いにうんざりされているお客様もいらっしゃいます。

　本来のアンティークコイン収集（投資）は不安に駆られて取り組むものではありません。お客様目線でお客様の心に寄り添う我々でありたいと考えます。なぜなら、そもそもアンティークコインは、人としての豊かな心を育みつつ、楽しみながら子々孫々と継承できる家宝だからです。

　それを裏打ちするかのように最近イギリスのアンティークコインが相次いで、約3億円のオークションレコードを更新いたしました。とは言え、アメリカコインのレコードが20億円であるのに対し、イギリスコインは未だ3億円程度と、大きな伸びしろがあります。

　さて、投資という視点で選ぶなら、どんなコインを選ぶべきでしょうか。「フィジーに新婚旅行に行ったから」「この国が好きだから」などの理由で選ぶのは、コレクションとしてなら問題ないでしょうが、投資としては少しクエスチョンです。100人のコレクターがいても1人しか欲しいと思わないマイナーな国のコインよりも、100人が100人とも欲しいと思うコインこそが将来の値上がりに繋がります。どんなコインでもいいというわけではありません。

　本書では、投資にはどういう国のコインがなぜいいのかという理由から、購入するならどういったお店がいいのかなど、具体例を提示しつつご案内

申し上げています。

　本の後半には、私がなぜコイン商として神戸で起業するに至ったかをまとめてあります。決して順風満帆な人生ではございませんでした。数々の挫折を味わいながらも、恩師よりお守りとして頂戴した1枚のコインがコインパレス設立と今日まで多くのお客様との出会いを連れてきてくれたのです。そんな不思議なコインと人の縁を与えていただきましたことに、常に感謝の気持ちを忘れずにいたいという私の原点がそこにあります。

　さて、冒頭のご挨拶の紙面も残り少なくなってまいりました。この本を手にとっていただいたことに感謝の気持ちを込めて、最新のコイン市場トピックをこっそりお教えしましょう。

　実は、今、アンティークコインが人気のあまり市場から枯渇しはじめ、その結果モダンコインの人気が急激に高まっているのです。そうした最新事情もぜひ踏まえていただき、投資を始めるならまだ市場にアンティークコインが残っている今のタイミングをおすすめいたします。

　また拙著第2弾「イギリス王室編」では、別の切り口からアンティークコインの魅力をたっぷりとご紹介しておりますので、併せてお読みいただければ幸いです。

　私は、1枚のコインと、たくさんの素晴らしい人との出会いで、今の天職とも言うべき仕事に巡り合うことができました。コインは、人に幸せを運ぶアイテムだと信じてやみません。

　本書が皆様のアンティークコイン・コレクションの一助となることを切に祈念申し上げます。

2023年6月

安井　将弘

口絵

第3章 モダンコインという選択肢

第4章 コイン投資のプロセス

第5章 他の投資との比較からわかる
コイン投資のメリット・デメリット

序章 あなたの資産を守るために

1 最近の社会情勢

　私は人と人との出会いは必然だと思っておりますが、人と書物との出会いもまた必然だと思っております。1冊の本との出会いが、その人の人生を変えていく、そのような幸運を何度も見聞きしました。実は私もそのような体験をした1人です。たった1冊の書物との出会いが、「アンティークコイン」を生業とする今の私を築いてくれるきっかけとなりました。

　ですから、私が世の中に本書を送り出すのは、ある種の社会に対する恩返しなのです。世の中にあまたある本の中から、せっかくこうして本書を手にとっていただけたのですから、読者の皆様にとって有益な情報をお届けすることを第一にお約束させていただきます。

　まずは、最近の社会情勢から紐解いてまいりましょう。

　世界経済や国際交流を一時的にストップさせた新型コロナウイルス。この新型コロナウイルス感染拡大が世界経済に何をもたらしたのか、その現実を直視する必要があると考えます。

コロナと経済封鎖

　2020年初頭から世界を混乱の渦に巻き込んだ新型コロナウイルス。人々は自粛を余儀なくされ、経済や海外との交流はストップし、まるで世界全体が鎖国しているかのような状況でした。

　この度のコロナ禍は、平常時に人々があまり関心を持っていなかった政治や経済の問題点を改めて浮き彫りにしたとも言えます。今現在は、新型コロナウイルス感染症の位置づけがこれまでの2類から5類感染症に移行したため、経済活動も再開しこれまでとは違う枠組みも根づきながら、徐々に日常が戻りつつあります。

　瞬く間に世界に広がった新型コロナ感染に関しては、事前の準備がないままに、対処をせざるを得ませんでしたが、このコロナ問題をきっかけとして、今後の有事の際の経済活動のあり方について、私たちは、さらに踏み込んだ議論を進めておくべきでしょう。

さて、今回のコロナ騒動では、不安を煽られ恐怖におののき、新型コロナワクチンの臨床試験（治験）中にもかかわらずワクチンへの不安を抱きながら、周りの大切な人に迷惑をかけたくないという善良な心によって余儀なく接種された人、接種証明の必要性にかられ公費（無料）だからと進んで接種された人……何事もおかみの言うとおりにどこまでも従順で疑問に思わない日本人が多くいました。

　太平洋戦争の敗戦以降、考える力が失われスイーツ（砂糖漬け）の食糧環境で我慢することを忘れ甘いほう（楽なほう）へ流れてしまいます。

　働き方改革の名のもとに企業戦士としての労働力をそがれ、企業の体力は弱まり日本の底力は精神から根絶やしにされている現在、すべてはこの後迫る国民全員に半強制的に強いられる恐るべき最後の問題を円滑に行うためのリハーサルだとしたらどうでしょうか。

　この日本の国の将来を真剣に考えている人はどれだけいるのでしょうか。このことについては神戸ショールームにご来店の際にお話しさせていただきたいと思います。現実は小説より奇なりです。

　ところでなぜコロナウイルスが、しかも世界同時多発的に発生したのでしょう。ニュースでは、コロナ感染対策のための経済封鎖ということが盛んに言われておりました。はたしてそれは真実でしょうか？　ここで、経済封鎖のためにコロナが利用されていた可能性について考えてみたいと思います。

　そもそも、なぜ日本で経済封鎖が必要だったのでしょうか。それを解くカギは、日本の借金です。日本のＧＤＰはここ15年間500兆円で推移しており、それに対して負債は約1200兆円となっており、ＧＤＰの200％というとてつもない額となっているのです。一方、中国のＧＤＰは40兆円から100兆円と約2.5倍に増えています。ちなみに、ここ30年間デフレが続いていますが、デフレの長さは、その後に引き起こされるハイパーインフレの高さと比例するとされてい

ます。

　アメリカの国家の負債は GDP の約 100％、イギリス、EU もアメリカに次ぐ比率の負債を抱えています。経済封鎖を行っていた理由がみえてきます。アメリカのトランプ前大統領が在任中、中国の新型ウイルスの賠償責任について言及し、中国が拒否をすれば、FRB の財務証券を担保にとるとしました。もちろん中国はこれに応じる可能性は極めて低いでしょう。

平価の切り下げと預金封鎖

　西側諸国と中国の間で、コロナ感染の賠償について合意が行われない場合、懸念されるのが戦争とデノミネーションです。戦争については、言わずもがなです。

　ではデノミはどうでしょうか。デノミとは、たとえば日本なら、平価を切り下げて、1 万円札を新千円札と交換するという方法ですが、2024 年に日本で新札が発行されるのは、あまりにもタイミングがよすぎはしないでしょうか。

　歴史を振り返ってみると、世界中で、約 50 年ごとに徳政令が行われてきました。しかし、ここ 70 年平価の切り下げは行われていません。

　現状、債券を一番多く保有しているのが中国、次いで日本です。もしも西側諸国が一斉に平価の切り下げをすれば、中国の新型コロナウイルス賠償問題は解決してしまいます。

　日本の 1200 兆円の負債も 120 兆円に減額されるのです。

　もしも平価の切り下げを行わない場合は、国の破綻かハイパーインフレの二択しか、残されていません。どちらも避けたい政府にとって、コロナ感染拡大は格好の災禍だったと言えるのではないでしょうか。

　全国民に対する特別給付金に関する政府のやり取りでも、そのような思惑が透けて見えます。

　ところで平価の切り下げと併せて、いったい何が行われるのでしょうか。それは個人の預金封鎖です。それを危惧する富裕層の間で、現金を株式や

金に替える動きが見受けられます。この流れがキャッシュレス社会、デジタル円の移行、そして金本位制度に向かわない保証はどこにもありません。

　現在の世界の大混乱を後々振り返ってみたとき、もしかしたらコロナウイルスが金本位時代への布石だったとなるのかもしれません。

2　アンティークコイン投資のすすめ

コイン投資はもはや投資の定石に

　世界を取り巻く経済や通貨の現状に加えて、金の高い人気という状況が続いています。そんな中、ここ数年、日本ではアンティークコインの人気が高まってきています。テレビや雑誌などのメディアに取り上げられる機会も増えましたし、実際、私どものようなコインショップへのお問い合わせも、かなり増えてきています。

　これまでも日本国内では、何度かコイン収集のブームがありました。たとえば、前回 1964 年の東京オリンピックの際などは、オリンピックの記念コインがブームのきっかけをつくったとされています。

　また昭和天皇の御在位 60 周年を祝う金貨が発行された際にも、当時のバブル景気と相まって、このコインを求める人が殺到したと言われています。残念ながら、この金貨は後に大量の偽造コインが見つかったために、コインブームも一気に冷めてしまったのですが。

　しかし、今回のアンティークコインブームは、これまでのコイン収集のブームとは大きく異なっている点があります。それは、投資目的でコインを購入するという全く新しいスタイルがブームを牽引しているところです。おそらく本書を初めて手に取ってくださった方は、「コインが投資に役立つ」ことに驚かれることでしょう。

ポートフォリオにコイン投資を

　役立つどころではありません。アンティークコイン投資を一度でも経験したことのある人は、ほぼ 100% リピーターとなっています。つまり、それほどに魅力的な投資法なのです。アンティークコイン投資の魅力は後ほ

どじっくりとご説明させていただくこととして、最初に資産形成に関する大切なポイントに触れておきたいと思います。

皆様は、ご自分の資産をどのように所有していらっしゃるでしょうか？

世の中には実に様々な投資法がありますが、どれも確実に利益を得ることは難しいと実感されている方が多いのではないかと思います。この低金利時代、預貯金ではほとんど利息はつかないし、株やFXで安定的に利益を出すことは本当に難しいことです。

しかし、そんな中でも着実に資産を増やしている人はいます。実は、そういった方々の多くが、ポートフォリオを組んで、分散投資を行っているのです。ポートフォリオとは、預金、株式や債券、FX、不動産といった保有資産の組み合わせを示す用語です。

WR-277"UNA AND THE LION"
PATTERN FIVE POUNDS 1839
By William Wyon

ポートフォリオを組み、分散投資をすると何が有利なのでしょうか？答えはリスクヘッジです。様々な投資を組み合わせることで、何か危機が起こった場合でもリスクを軽減させることができるのです。

たとえば、株や投資信託といったペーパーアセットと、金や不動産、そしてコインといった実物資産をバランスよく組み合わせて保有していれば、バブル崩壊やリーマンショックといった経済的な打撃を受けても、その分、金価格が上昇するなど、1種類の投資の損を他の投資の利益が補うことができるのです。

アンティークコインは、素晴らしい投資法ですが、それだけにすべて投資しますと、やはり問題が生じてきます。おそらく皆様が想像されている以上に安定的に値上がりしますが、それには時間がかかります。

また、コインを現金化するときに、株のようにパッと売っておしまいというわけにはまいりません。オークションに出すなどして、売ることになりますから、もしも資産をすべてコインに投資していた場合は、急に現金が必要になったとしても、すぐに対応できなくなってしまいます。

投資の王道と言ってしまえばそれまでですが、安全策の一環として、ぜひご自身の資産は分散投資で保有してくださるようおすすめいたします。そしてポートフォリオにアンティークコインを組み込んでください。アンティークコイン投資は、まだ誰も知らない投資だからこそ、そこには大きなチャンスが広がっているのです。

前著からさらにパワーアップ

　私は、これまで『99％勝てる！　99％の日本人が知らない　アンティークコイン投資　究極の資産防衛メソッド　実践編』、『究極の資産防衛メソッド！　アンティークコイン投資〜イギリス王室編〜』と、2冊の本を出版させていただきました。それぞれ表紙の色から『99％勝てる！99％の日本人が知らない　アンティークコイン投資　究極の資産防衛メソッド　実践編』を赤本、『究極の資産防衛メソッド！　アンティークコイン投資〜イギリス王室編〜』を青本と呼び親しんでおります。

　『99％勝てる！99％の日本人が知らない　アンティークコイン投資　究極の資産防衛メソッド　実践編』のほうは、アンティークコインのイロハから、コインの選び方、コイン投資をどう資産防衛に活かしていくのか、アンティークコイン投資について、きめ細かく記述しております。

　また、なかなか日本の経済学者が言及できないような視点から、日本や世界の経済事情などにも鋭く切り込みました。その結果、読者の方々から「なぜ世界ではコイン投資が盛んなのかが理解できた」「自分の資産に対する危機感を覚えた」あるいは「目からウロコの情報が満載だった」などと嬉しいお褒めの言葉を多数頂戴しております。

　一方、『究極の資産防衛メソッド！　アンティークコイン投資〜イギリス王室編〜』のほうは、イギリス王室の歴史にもスポットライトを当てております。大英帝国の歴史を彩ってきたたくさんの王や女王たちの素顔、驚きのエピソードなどをふんだんに盛り込み、読み物としても大変ご好評をいただいており、有り難いことにコイン収集家の皆様の間でも話題となっているようです。

　もちろんアンティークコイン投資に関する情報も詳しく掲載しておりま

す。読み応えがあり、アンティークコインのこともご理解いただけるまさに1冊で二度おいしい本だと自負しております。お読みいただいた顧客の皆様からは、「王室が近しく感じられ、コイン選びに迷ったら王の肖像で選ぼうと思った」「掲載されているコインの写真がとても美しく目でも楽しめる」といった嬉しいお言葉も頂戴している次第です。

さて、今回はまた新たに本書を、「コイン投資の入門編」として書き下ろすことになりました。本書は、これまでコイン投資に興味がなかった初心者の方から、コイン投資の経験はあるが、もっと詳しく知りたい上級者の方までを対象とし、コイン投資について幅広い情報を掲載しました。これ1冊で、コイン投資のすべてが、ご理解いただけると自負しております。

位置づけ的には『99%勝てる！ 99%の日本人が知らない　アンティークコイン投資　究極の資産防衛メソッド　実践編』の流れを汲む形となっておりますが、さらに読みやすい内容にブラッシュアップいたしました。前著の発行から2年が過ぎ、その間に世界情勢も日本の状況も大きな変化を遂げていることから、最新の情報を反映し、すべて新たに書きおこしました。

あなたの資産を守り育てるために

本書では、コイン投資に関する基本的な情報に加えて、世界経済の動向や、これからの資産運営についてなど、実に幅広い内容を取り扱っております。というのも、昨今の世界情勢の不安定さから、金をめぐる世界の動き、そして非常時に起こりうる想定外の経済（もっと率直に申しますと貨幣価値そのもの）の混乱について、看過することができないと考えているからです。

また、本書はアンティークコイン投資に関する本ですが、もう1つテーマがあります。それは「あなたの資産をどのようなカタチで育て守るか」ということです。ご自身の資産を大切な子孫の方々に確実に受け渡すために、どのような方法があるのか、ぜひ一度立ち止まって考えていただきたいと思います。

ですから、本書との出会いが、「アンティークコインとは何だろう」と

いった気軽な興味から、「コインで投資なんて大丈夫なのだろうか」とい
う素朴な疑問、「あまたある投資本のように、結局は自己責任論で終わる
のでは？」といった手厳しいお疑いまで、どのようなきっかけでも大歓迎
です。本書のおいしいところだけをご自身の今後の人生に活かしていただ
ければ、それだけで私が本書を執筆した甲斐があったというものです。

　さて、アンティークコイン投資については、本文で詳しく述べてまいり
ますが、実はアンティークコイン投資は、とてもハードルの低い投資法で
あるということだけ、まず覚えてください。

　（気にいった）コインを選んで買うだけなのです。株のように、四季報
を読んだり、株価の動向を気にしたり、データを理解したりといった手間
はまったくかかりません。またFXのようにパソコン画面を見つめて、逐一、
値上がり値下がりを気にする必要もありません。買って持っている、それ
だけの極めてシンプルな投資なのです。

　そんなうまい話があるものか、とご不審に思われる方も少なくないかも
しれませんね。しかし、コインを買って持っている、たったそれだけのこ
とで資産を倍にされた方がおられます。

　その方は、企業にお勤めのサラリーマンの方でした。もともとコインを
集めるのがお好きで、給料の中からコツコツと、何年もかけてコインを買
い求められていました。塵も積もればのことわざ通り、コインに使われた
お金は大づかみで5000万円といったところでしょうか。

　ところが、あるとき集めたコインを売ることにされました。その結果が
なんと約1億円もの高値となったのです。集めたコインを売っただけで、
たちまち資産家の仲間入りです。まさに、わらしべ長者ならぬ「コイン長者」
となられた方の真実のお話です。

　その資産を元手に私どものところで、高価なアンティークコインをお求
めになりたいと来られたお客様から伺いました。その方ご自身もたいそう
驚いておられました。

　私は、これまでにも2冊の書籍を出版いたしておりますが、お読みいた
だいた読者の方から、「安井さんの本に出会って世の中の見方が変わった」
「資産の保有の仕方を再認識できた」など、様々な喜びのお声を頂戴して

おります。私の使命は、アンティークコインを通じて、皆様に幸せになっていただくことですから、著書がきっかけとなって皆様の資産づくりのお役に立てたことは、この上ない喜びです。

　今回、新しくこれまでコイン投資についてご興味がなかった皆様を対象とした「入門編」を記すことになったのも、1人でも多くの方にアンティークコインを通じて幸せになっていただきたいという思いが抑えきれなかったからです。連日、日本全国のコイン投資家の皆様の元に足繁く伺い、神戸に開設しているショールームは、絶えずご予約のお客様が訪れてくださっており、忙しい本業に充実した毎日です。

　これまで、いち早くご愛顧くださっているお客様の喜びの声を耳にしますと、まだコイン投資をご存知ない、あるいは興味はあるけれど不安があり二の足を踏んでおられる皆様に、コイン投資の現状を伝えるべきだという使命感に突き動かされてしまいます。それほどまでにコイン投資は、魅力的な投資なのです。

世界で最も美しいコインのトップディーラーとして

　ここで簡単に自己紹介をさせていただきたいと思います。私はコインパレスというコイン専門店を経営しております。イギリスのアンティークコインをメインに扱っており、コインのことならなんでもお気軽にご相談いただきたいとの思いを込めて、コインコンシェルジュと名乗っております。

　神戸の山手、新神戸駅から徒歩5分の高層ビルに、アンティークコイン専門ショールームを設けております。このショールームの広さは、国内最大級となっており、品揃えの豊富さと、ロケーションのよさが自慢です。

　皆様は、「ウナ&ライオン」と呼ばれている有名なコインをご存知でしょうか？　1800年代に発行されたビクトリア女王の記念コインですが、そのデザインの美しさゆえに「世界で最も美しいコイン」とも称されています。

　このコインは、当初400枚が発行されましたが、そのうち約半分は紛失されるなどして歴史の闇に埋もれてしまっています。現存すると思われる残り200枚のうち、半分は鑑定の結果、グレードがつかない不良状態だと

されています。その結果、グレードがつくほどの価値があるウナ＆ライオンは、わずか100枚程度しか残っていないということになります。

　つまり、世界中で約100人しか、ウナ＆ライオンのオーナーという栄誉を手にすることができないのです。そんな希少性とデザインの素晴らしさから、このコインの価格は高騰の一途を辿っており、15枚セットのオークションレコードが約1億円。都市部のマンションが買えるほどの高値です。

　もしあなたが1億円で落札したコインを次に売るとしたらいくらで売却したいと思いますか？　我々のデータによると、約1.5倍〜2倍の価格で売却する人が圧倒的に多いのです。場合によっては3〜4倍ということもありえます。それがコイン投資の世界なのです。

　実は国内のコインディーラーで、このウナ＆ライオンをこれまで最も多く取り扱っているのが、何を隠そう私です。ウナ＆ライオンの専門店と名乗ってもいいくらいの実績を重ねており、そのことが評判となり弊社へのお問い合わせも多数いただいております。このコインをどうしても手に入れたいと切望されているお客様も多く、現在、弊社でもウエイティングが出ている状態です。

　ウナ＆ライオンをはじめとして、イギリスのアンティークコインをご所望されるお客様を同業他社様からご紹介いただくケースもございます。もともとコインディーラー同士は、横の繋がりが強く、互いに情報をやりとりしたり、お客様のご要望に応じて、コインを融通し合ったりする間柄ですが、こうした専門家たちの間でも、「イギリスのアンティークコインなら、コインパレスの安井」との評判をいただいています。地道に真面目にお客様のために奔走してきたことが、こうした評価をいただくまでになったことに、深い感慨を覚えます。

　それというのも、私は一時期、職を失い、社会から必要とされない失意の日々を過ごした経験があるからです。それが、こうして今では、神戸の街や港を一望できるショールームで、皆様のお越しをお待ちしているのですから、人の人生とは本当にわからないものです。

　実は私を成功に導いてくれたのは、たった1枚のコインでした。詳しく

は後のページで触れますが、とある方からいただいた物でした。このコインを手にしてから私の人生は、幸運に満ちたものとなったのです。それまでは、理不尽な運命に辛酸をなめる日々だったのが、一転、明るい光の差す登り坂を駆け上がることとなりました。

　コインには、このような不思議な力もあるのだと、自らの経験をもって知らされた次第です。人と人との出会い、人と書物の出会いに必然があるように、コインとの出会いにも必然があると感じずにはいられません。

　今回、はじめて私の著書をお手にとってくださった貴方様にも、コインを縁として、素晴らしい幸運が訪れますよう心から願ってやみません。

3　アンティークコイン投資って何

株などと同じ投資の対象

　「アンティークコイン」と聞いて、皆様はまず何を思い浮かべられるでしょうか？　趣味の世界、美術品、歴史やロマン、古いお金……。おそらくこれまでアンティークコインに興味をお持ちでなかった多くの皆様は、ピンとこない、あるいは自分には関係がない、もしくは専門的な世界だけにハードルが高そう、といった感想をお持ちのことと思います。

　実は株や仮想通貨、FX と同じようにアンティークコインは、投資の対象としても、世界中で熱い視線を浴びているのです。ただし、株や仮想通貨などと異なるのは、その知名度。あなたの周りを見回してください。

　身近にどなたかアンティークコイン投資をしている人はいらっしゃいますでしょうか？　おそらくいらっしゃらないと思います。あるいは、もしいたとしても、それを公にはされていないかもしれません。

　なぜなら、アンティークコイン投資には、他の投資にはない、知っている人だけが得をする、うま味があるからなのです。世界中の情報通の富裕層の方々は知っています。アンティークコイン投資が、いかに確かな投資法であるのかということを。

　歴史的に見ても、ヨーロッパにおいては、アンティークコインを保有することは、貴族たちにとって高尚な趣味の１つでした。イギリスを例に挙げる

と、新しい王が誕生するたびに、「記念のコイン」が発行されており、貴族たちにとっては、それを保有していることがステータスだったのです。この伝統は長きに渡って受け継がれてきました。今ではイギリス王室から毎年のように、国王の肖像を刻んだ記念コインが発行されています。

ヨーロッパでコインが求められているもう1つの理由として、資産の一部をコインで持つことで、様々なリスクへの対処としている点が挙げられます。「有事の金」という言葉をお聞きになったことがあるかと思いますが、他国に占領されて自国の通貨が使えなくなったり、経済の混乱によりハイパーインフレを起こしたときのために金貨を保有しておくのです。

これは戦争が繰り返されてきたヨーロッパ大陸に生きる人々ならではの発想と言えるかもしれません。資産を守りながら増やしていく、このような「資産防衛法」により、ヨーロッパの人々は自らの資産を子孫へと守り伝えてきたのです。もちろん我が国においても、そうした考え方は大いに参考にすべきところです。

投資の対象としての魅力

さて、コイン収集の裾野が広がるとともに、コイン収集が貴族だけの趣味ではなくなり、一般の人々の間でも広く行われるようになってきました。そうなると、希少性が高く人気のあるコインには、プレミアがつくようになってくるのは当然の流れです。人が集まるところにはお金も集まります。

2018年の12月と2019年の1月に相次いで、イギリスコインが約1億円というレコードプライス（最高額）を叩き出しました。たった1枚の金貨が1億円です。

もしこれが金地金だったらどうでしょう？　もともと金の相場というのは、イギリスならロンドン、アメリカならニューヨークにある取引市場で決められており、日々変動します。とはいっても、金そのものにプレミアがつくことはありません。金地金はあくまで、その量に見合った金額が、日々上がったり下がったりするだけです。

でも、アンティークコインは違います。現存する枚数や、デザインの美しさ、人気度、といった要素が、コインに付加価値をもたらすのです。そ

ういう意味でもアンティークコインがいかに投資対象として魅力があるか、おわかりいただけると思います。

アンティークコイン投資にはロマンがある

　でも投資なんて難しそう、と躊躇される方もいらっしゃるかもしれません。実は私も同じでした。10年前にこの会社を立ち上げるまでは、投資の経験など全くなかったのです。私の職歴は、アパレル営業や介護施設の運営など、投資ともコインとも無縁でした。そんな私が10年も経たないうちに、アンティークコインのことならコインパレスと言われるようになったのですから、コイン投資がシンプルながら着実な投資法であることの証明にもなり得るのではないでしょうか。どなた様もどうぞ安心して一歩を踏み出していただければと思います。

　さて、コイン投資について皆様にどうしてもお伝えしたいことがあります。それはアンティークコイン投資にはロマンがあることです。1枚のコインを手にすることで、イギリス王室の歴史に思いをはせたり、オークションなどで思いもかけぬ高い価値を認められたりと、他の投資にはない魅力がたっぷりなのです。

　時折テレビ番組などで放送されていますが、沈没船の中や、土中の壺から、金貨が発見されるなど、悠久の歴史ロマンそのものだと思いませんか？何より、金貨の輝きというものは、見ていて飽きることがありません。手の平に乗る美術品と称えられるアンティークコインの美しさにもぜひ触れていただきたいと思います。

　ではさっそく次章から、アンティークコイン投資の基本について、ご一緒に見てまいりましょう。そこにはきっとあなたがこれまでご存じなかった驚きの世界が待っています。

第1章　アンティークコイン投資の魅力

1　アンティークコイン投資をおすすめする理由

アンティーク投資はリスクが少ない

　とある調査によると、海外の投資家は「いかに資産を増やすか」に主眼を置きがちなのに対して、日本の投資家は「いかに損をしないか」というリスク回避を重視する傾向があるとの結果が出ました。慎重で手堅い日本人らしい経済観念が表れているようです。

　実はアンティークコイン投資は、そんな日本人にぴったりのリスクの少ない投資なのです。グラフ（コインの値上がりを示すグラフ）にお示ししたように、コインの価格は四半世紀、基本的には右肩上がりを続けてきました。株やビットコインのように激しい上がり下がりは、ほとんどありませんが、正直に申し上げると、ごく最近値下がりしたことがありました。

【アンティークコイン・ダウ平均株価・FX チャート】

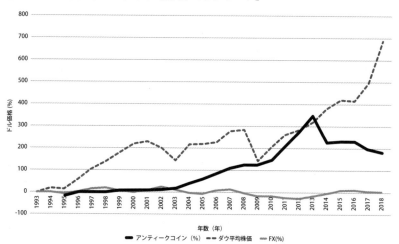

　ただし、すべてのコインが一斉に値下がりした訳ではありません。ある1種類のコインに値下がりが発生したのです。これは前著を記した頃の出来事ですので、その詳細をご説明させていただきたいと思います。

ある1種類のコインの値下がり発生事件

　その値下がりは、新規参入した業者が大量に1種類のコインを買い占め、それを投機目的の方々に、次々と販売したために起りました。その業者は、コインを買った顧客に「値上がりしたら、すぐ売ってください」との指示を出していました。やがて、そのコインが値上がりしたタイミングで、1人の人が売りに出しました。すると同じコインを買った別の人はそれより安い値段で売りに出し、その後に売りに出す人はさらに安い値段で、という負の連鎖が起こってしまったのです。

　こういう投機的な手腕の販売が行われた場合、コインの値下がりという事態も起こるのだと私も今回で初めて気づかされました。

　アンティークコインは、基本的には安定した値上がりを続けていますが、上記の例のように値下がりしたこともありますし、当然のことながらなかなか価格が上がらない踊り場局面を迎えることもあります。

　ですから、アンティークコイン投資は、スピーディーな値上がりを期待する類いの投資ではなく、じっくりと時間をかけて値上がりを待つ資産であると考えていただくのがいいと思います。正しいコインを選び、時間をかければ、ほぼ値上がりすることは間違いありません。

安定した値上がりのアンティークコイン

　なぜ、アンティークコインが安定して値上がりするのか、ということについては次章でくわしく述べさせていただきますが、1つ理由を挙げるとしたら、その希少性にあります。

　アンティークコインは、つくられたときから数が減ることはありますが、増えることは基本的にありません。古い倉庫の奥から発見されたり、海中の沈没船から発見されたりといったこともないわけではありませんが、滅多にあることではありません。ですから、時代が下るごとにその希少性は高くなっていき、コレクターや投資家がよりよいコインを競って買い求めるということになります。

　値上がりの仕方はコインによって大きく異なりますし、値上がりがゆるやかになったり、踊り場となることもあります。しかし、時間をかけて値

上がりを待てば、多くは素晴らしい成果となって返ってくるのです。

『アンティーク』はフランス語で骨董品を意味します。古い時代につくられた物が時間を経た分だけ魅力を増すという意味が込められているとか。アンティークと呼ばれるためには時間が必要なように、私は資産づくりにも時間をかけるべきだという考えです。資産づくりに焦りは禁物です。

私自身、ここ数年、狂想曲のように繰り広げられたビットコインやFXのブームには距離をおきたいというスタンスを取っております。なぜなら、こうした新しい投資は、価格の乱高下が激しすぎて、まるでマネーゲームそのものだからです。こういうときのお金は魔物です。数字と化したお金を求めた末に残る物はいったい何なのかと、お金の価値そのものにまで思いをはせてしまいます。

本来、お金というものは、仕事や物品の対価として感謝の念を込めて、人々の手に渡るべき物だと思います。しかし昨今のマネー狂想曲を見ていると、お金を増やすことだけが目的になっているように思われてなりません。数値化されたデータに一喜一憂することが、その人の人生を豊かにしているのか、社会の役に立っているのかと疑問を持たざるを得ないのです。

一方でアンティークコインには美術品としての価値があるため、人類共通の宝であると言えます。そして、アンティークコインを手にすると、一生懸命に働く、あるいは君主のために命をかけた戦いの末にその誉れとして金貨を手にした、いにしえの人々の喜びに触れるような気がします。

だからこそ、コインは通貨またはプルーフ以上の価値のあるものと人々に捉えられていたのではないでしょうか。アンティークコインの持つ輝きや、人々の手から手へと伝わっていた故の傷やすり減り具合を見ると、なんとも言えないぬくもりを感じることができるのです。

アンティークコインの古い物は、手打ちによる刻印で制作されており、また人の手を経て時代を旅してきたがゆえに1点、1点、表情が異なります。当然、細かなデザインの違いや出来栄えによって市場価値が異なり、それが価格差として反映されてきます。しかし、その違いによって、市場が形成されているとも言えるのです。

これまで様々な投資を繰り返しては、損失を生んだり、思うような成果

を得られなかったというお客様がいらっしゃいます。ところが、コイン投資をおすすめしたところ興味を持っていただき、その後ずっとコインの売り買いを継続されています。その方にお話を伺うと「結果はもちろん、地に足をつけたやり方に、今までの投資とは異なる魅力を感じた」という嬉しい答えが返ってきました。あらゆる投資を体験されたお客様にとっても、魅力的な投資なのだと私自身も教えていただいた次第です。

　では、さっそくアンティークコイン投資の魅力について、詳しく分析してまいりましょう。

2　アンティークコインの魅力

魅力その1「簡単に始められる」

　アンティークコイン投資最大の魅力といえば、なんと言っても、簡単に始められることにつきるでしょう。実物やカタログ、ネットの商品などから気に入ったコインを買うだけ。後はじっくりと値上がりするのを待ち、売りに出すという至ってシンプルな投資法です。これから投資というものを始めてみようかなという方にも、最適の投資法だと言えるでしょう。

　株式投資のように、口座を開設したり、マイナンバーを申請したりといった事前の手続は不要です。ディトレーダーのように逐一、株の値動きに注目する必要もありませんし、またFXのように為替の知識なども必要ありません。美術品やワインに比べると保管方法もずいぶんと簡単です。このようにアンティークコイン投資は、投資経験の浅い方や、必要以上に投資に時間をとられたくないという方にもうってつけです。

魅力その2「安定的な値上がり」

　初心者の方におすすめできるもう1つの大きな理由が安定的に値上がりをしていることです。実はアンティークコインは統計を取り始めて以来、25年間値下がりをしていないという驚きの事実があります。

　ただし、誤解のないように記しておきますが、コインによっては、供給過多などにより一時的に値下がりをすることは当然あります。投資において、踊り場と表現されるような調整局面を迎えることももちろんあります。

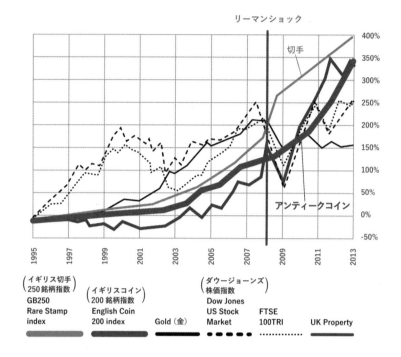

リーマンショック

切手

アンティークコイン

400%
350%
300%
250%
200%
150%
100%
50%
0%
-50%

1995 1997 1999 2001 2003 2005 2007 2009 2011 2013

（イギリス切手）
250銘柄指数
GB250
Rare Stamp
index

（イギリスコイン）
200銘柄指数
English Coin
200 index

Gold（金）

（ダウージョーンズ）
株価指数
Dow Jones
US Stock
Market

FTSE
100TRI

UK Property

　しかし、トータルに見てみますと、一度値下がりをしたコインも時間を経れば、また値上がりに転じますし、ほとんどのコインは値下がりすることなく、右肩上がりのグラフを描いているのです。

　これは、先ほどもリード文で述べたとおり、アンティークコインは、時代を経るごとに希少性が高くなっていくことが第1にその理由として挙げられます。また、第2の理由としては、その逆にコインを求める人が増えていくことも大きな要因となります。

　他にもコインの安定的な値上がりを支える要因はたくさんありますが、それはまた後ほどご説明するとして、まずは安定的な値上がりが見込める投資だということをご理解いただければよいかと思います。

　つまり、買って持っていれば、あとは勝手に値上がりしていくケースがほとんどなのですから、投資経験の浅い方にとっても安心して始められる投資だということに、ほかなりません。投資に対して安全性を求める日本人にとっても、おすすめの投資だとおわかりいただけることでしょう。

魅力その３「信頼性が保証されている」

　とはいえ、もちろんすべてのコインに信頼性が保証されているわけでは
ありません。アンティークコインや美術品、骨董品といった現物資産を購
入しようと思った場合、必ずと言っていいほど悩まされるのが、贋作の問
題です。掛け軸や陶器などは、あまたの贋作が出回っておりますし、コイ
ンだとてその例外ではありません。しかも、近年の贋作たるやディーラー
でも見極めが困難なほど、精巧につくられているのです。

　しかし、アンティークコイン業界には、こうした偽物から、投資家を守
るシステムがあります。それが、独立型の「コイン鑑定専門機関」の存在
です。第三者的な立場かつ非営利で、コインの真贋やそのグレードを厳し
く鑑定する信頼のおける機関があるのです。

　世界的に有名な「PCGS」と「NGC」という２大鑑定機関があり、その鑑
定の厳しさと確かさから、アンティークコイン業界では、この２社の鑑定
を受けていれば、そのコインは信頼に足りると認識されています。鑑定を
受けたコインは、スラブと呼ばれる特殊なプラスチックケースに封入され
ますから、保管する際もコインの劣化や傷などを防ぐことができ、安心で
す。

　私どもコインパレスは、鑑定基準におい
て定評がある PCGS と NGC という２大鑑定機
関に認められた認定ディーラーの資格を得
ております。

　この認定ディーラーとしての資格を得る
ためにも、いくつかの厳しい条件をクリア
しなければなりませんでした。しかし、認
定ディーラーとして認められたことで、お
客様により安心して、弊社でコインをお求
めいただけるようになりました。私も PCGS
認定ディーラーの名に恥じないように、価
値あるコインを皆様に提供すべく日々、努
力を重ねております。

魅力その４「美術品としての価値」

　アンティークコインの美術品としての価値については、私があれこれ書き綴る以前に世界で最も美しいコインと称される「ウナ＆ライオン」の写真をご覧いただければ、それで十分かもしれません。私の著書や弊社のネット広告でもこのコインの写真が頻繁に登場いたしますので、どこかでご覧になったという方もいらっしゃることでしょう。

　ウナ＆ライオンをつくったのは、ウィリアム・ワイオンという彫刻師ですが、長い歴史を持つイギリスの王立造幣局の中でも、ひときわ輝きを放つデザイナーです。彼のデザインしたコインは、他のデザイナーの作品とは一線を画する美しさがあります。

　中でもウナ＆ライオンは最高傑作の呼声も高く、構図やモチーフ、彫刻の造形、すべてが美しく完璧な調和を奏でています。約180年前につくられたコインですが、未だこのコインを超えるデザインはないと断言してもいいと個人的には思っています。

　アンティークコインを投資目的で始められたにもかかわらず、いつの間にかコインそのもの魅力の虜になっておられる方々も少なくありません。コインを集めていくほどに、そのデザインの美しさやレリーフ（浮彫細工）の見事さに惹かれ、次々にコインをお買い求めになるのです。

　集めているうちに、コインを見る審美眼も鍛えられてきますし、そのコインにまつわる話などにも詳しくなり、そうなるとまた次のコインにという気持ちになるのは、当然のことです。かくいう私も、コインの美しさに魅せられている１人です。

ヴィクトリア女王
1839年 5ポンド金貨 ウナ＆ライオン

チャールズ2世
1680年5ギニー金貨

女神ブリタニア
2019年 エリザベス2世 200ポンド金貨

聖ジョージ龍退治
1887年 ヴィクトリア女王 5ポンド金貨

イギリスコインの存在感は格別

　中でもイギリスコインの存在感は、格別だと思います。その理由は、コインにイングランド歴代の王の肖像が刻まれているからにほかなりません。大英帝国が栄華を誇った時代に王座に君臨したヴィクトリア女王、多くの愛妾を囲いメリー・モナーク（陽気な王様）とあだ名されたチャールズ2世、最長の王位を誇ったエリザベス2世、そして新国王チャールズ3世など、いずれも歴史に名を残す王や女王たちばかり。

　王や女王と呼ばれた人たちの面影には、どこかしら、覇権のオーラのようなものが感じられますし、またその当時の一流の彫刻師が手がけた肖像レリーフですから、優れた造形であるのは当然のことなのです。

　いっぽう裏面は、イギリスの象徴である女神ブリタニアや、聖ジョージの竜退治など神話をモチーフにしたデザイン、さらには王家の紋章を刻ん

だデザインなど、精巧に彫られたレリーフの数々、いずれも劣らぬ素晴らしさです。

　現にチャールズ2世のプルーフコインは、現存するものは、ニューヨークのメトロポリタン美術館に所蔵されています。美術品としての価値が高く、値段は付けられませんが、ディーラー間ではその価値は1億円以上とも言われています。アンティークコインが美術品としての価値を持っていることがおわかりいただけるのではないでしょうか。

　アンティークコインだけではありません。最近では、イギリスのモダンコインでも、デザインによっては、人気が高く入手困難な物が見受けられます。モダンコインであれば、アンティークコインに比べて、まだまだリーズナブルです。まず最初は、モダンコインに投資されるお客様も、もちろん多くいらっしゃいます。

3 アンティークコイン投資にあたって注意すべきポイント

　さて「簡単に始められて」しかも「安心・安全」な投資で、収集そのものを「楽しむ」ことができるアンティークコイン投資ですが、もちろん投資である以上、いくつかの注意点がございます。ここでは、アンティークコイン投資をする前に、ぜひお読みいただきたいポイントをご説明いたしましょう。

注意ポイントその１「余剰資金で購入すべし」

　アンティークコイン投資に関していえば、これまで25年間、ずっと右肩上がりでコインの価格は上昇してきております。とはいえ、これまでがそうだったからと言って、これからも値上がりが続く保証はどこにもありません。

　一方で、コインが大量に発見されるなどして、市場に多くのコインが出回った場合は、一時的に価格が下がることはこれまでにもございました。また、一般的に言って、株やFXのデイトレードのように、時間単位で売り買いをするような性質の投資でもありません。

　アンティークコイン投資は、コインを買ってからしばらくはお手元に留め置いていただき、じっくりと値上がりを待って売却するのが、私は最も成功しやすい方法だと考えています。短いサイクルでコインを売り買いされるお客様やそういった方法をおすすめしている業者もあるようですが、私自身は、少なくとも５年、10年とお持ちいただき、その間に値上がりを待つ方法をおすすめしております。

　なぜなら結果的に長い期間保有したほうが、リターンが多いケースがほとんどだからです。もしも余裕のある方でしたら、お子様やお孫様へと世代を超えて受け継がれる資産として、ご検討いただける類のものです。

　そのためにも、アンティークコイン投資に関しましては、予算を無理に捻出するのではなく、余剰資金を使っていただくのが一番です。

　ですから、この投資は短期的な値上がりを期待するのではなく、じっく

りと時間をかけて資産を守り育てたい方に向いていると言えるでしょう。価格変動に一喜一憂されない性格の方におすすめです。また仕事が忙しくて、投資に時間が取れないお医者様や企業経営者の方にも向いている投資法です。

　近頃は銀行に預金を預けておいても、ほとんど利息がつくことはありません。そのような状態で銀行にお金を眠らせておくのは、非常にもったいない話です。そのお金をアンティークコインに移行してお持ちいただければ、将来、驚くような金額になって返ってくることでしょう。

注意ポイントその２「偽物に注意」

　アンティークコインを購入する際に最も注意したいのが、贋作をつかまされてしまうことです。正直に告白いたしますと、私自身もまだこの会社を興す前、ネットオークションで個人で取引していた頃は、何度か偽物をつかまされてしまったことがありました。そのときの自身の手痛い経験から、お客様に対しては絶対に本物であると確信を持って、おすすめできる品しか販売しないことを旨としております。

　とはいえ、最近は精巧な偽物も市場に多く出回っており、しかもネットで簡単に売買ができてしまう玉石混淆の世の中です。先日も、お客様がこれまでご自身で集めてこられたコインの鑑定をご依頼いただき、鑑定機関に出してみたところ、18枚のうち3枚が偽物という残念な結果となってしまいました。

　最近の偽物の精巧ぶりは、ディーラーでも見破るのが難しいほどですから、販売した業者も偽物と気づかずに売った可能性も否定できません。

　しかし、偽物となれば、そのコインの価値はほとんどなくなってしまいます。高いお金を出して買っても、ただのがらくたということになってしまえば目も当てられません。偽物をつかまされないようくれぐれもご注意いただきたいと思います。自信のない方は当店へお問い合わせください。

注意ポイントその３「適正価格かどうか」

　アンティークコイン投資に二の足を踏まれる方が理由としてよく挙げら

れるのが、「このコインが価値に見合った値段かどうかがわかりにくい」という点があります。その点に関しては、お客様のおっしゃるとおりです。というのも、同じデザイン、同じ発行年であっても、コインの状態によって価格が全く異なるからなのです。

　同じコインでも、状態のよいものと普通の状態のものでは、価格に雲泥の差が出ます。

　また後ほど詳しくご説明させていただきますが、鑑定済のコインにはその状態によってグレードというものが付けられています。これは第三者の鑑定機関が細かく査定を行った上でつけたものですが、PCGSやNGCの場合、そのグレードの最高値が70となっております。このグレードが1下がっただけで、なんとコインの価格は2分の1あるいは3分の1にまで下がってしまう場合があります。

　コインの価格を確認する際は、ぜひコインのグレードにもご注目いただきたいと思います。

　また、当然のことながら、店舗によってもコインの価格はまちまちです。最近では、相場より高い値段をつけて売ろうとするような悪徳業者は減ってきました。

　しかし少数ながら悪徳な業者もあり、期間限定の特別価格などと言って、その場で即決させようとしますから、高価なコインほど、じっくり他店との価格を比較していただいた上で、ご検討いただければ安心かと思います。コインを買う前には、ぜひそのコインが適正価格かどうかをご確認いただいてからご決断をお願いいたします。

　もう1つ、ぜひ気をつけていただきたいのが、オークションで購入される際です。どうしても欲しいコインがオークションに出品された場合、競りに夢中になり、つい相場からかけ離れた高値を付けてしまうというケースがあります。売り買いの差額が儲けということになりますから、あまりにも高値で買ってしまうと、次に売却する際に困ります。値上がりを待ち続け、予想以上に長い年月がかかってしまったなどということにもなりかねません。

　投資目的であれば、購入時は冷静に、どの価格までなら適正かというこ

とを押さえた上でオークションをお楽しみいただくべきでしょう。

　また、少々不愉快な情報かもしれませんが、オークションにはさくらが紛れ込んでいる場合もあると言われております。さくらが積極的に競りをしかけ、目的のコインの金額をつり上げるという手口です。こうした被害を防ぐためにも、あらかじめコインの適正価格を知っておくことが大切だと思います。

注意ポイント４「趣味の収集とはきっちり分ける」

　さて、アンティークコイン投資の楽しみの１つに、気に入ったコインを買い揃えるというやり方があります。同じ王の肖像が描かれたコインを集めたり、動物が刻まれているコインをシリーズで揃えたりする楽しみ方をされているお客様も少なくありません。１つひとつ、お気に入りの物をコレクションに加えていく楽しみは、収集家にとって至福の喜びであるとも言えるでしょう。

　しかし、実はここが注意していただきたいポイントでもあります。

　コインを集めているうちに、あれもこれもと目移りしてしまい、手当たり次第に購入してしまうお客様がいらっしゃいます。もちろん、投資目的でなく、純粋なコレクションとして楽しむのであれば、全く問題はないのです。

　しかし、投資目的ではじめたはずなのに、そのことを失念してしまうと、コレクションを完成させることに夢中になりすぎて、「ご自身の投資予算をオーバー」してしまったり、あるいは全く値上がりが見込めないコインを大量に集めてしまったりといったことにもなりかねません。

　特に「これは投資だから」と自らに暗示をかけるようにして、買い漁るお客様もおられますが、それは危険な行為です。

　そのときは夢中になって集めていても、いざ冷静になったときに問題があらわになります。それがどういう問題か、１つの具体例でご説明いたしましょう。

　私どもに、コイン売却のご相談をされるお客様がいらっしゃいますが、ある時期、なぜか同じ国の同じカテゴリーのコイン売却のご相談ばかり重なったことがありました（その具体的な国名などについては、ここに記載

することは差し控えたいと思いますが、もしもお知りになりたい場合は、ぜひ直接お問い合わせください)。

　残念ながら、そのコインについては、いつまで持っていても値上がりが見込めなくて、売却のご相談となったわけですが、売りたい人が他にもたくさんいるわけですから、今後も値上がりは見込めないと言わざるを得ないでしょう。

　これは私の予想にすぎませんが、値上がりしづらいコインを格安で大量に仕入れた業者が、一度に大量に市場に出したことが原因ではないかとみています。

　もしこのようなお客様が、値上がりが見込める国やカテゴリーのコインを購入しておられたなら、投資予算が枯渇することもなく、さらにコインの広がりを楽しむことも可能だったかもしれません。

　アンティークコインをコレクションすることは、本当に楽しいことです。だからこそ、末永くコインを愛でて奥深さを楽しんでいただくためにも、購入の際は、投資対象として適正な品かどうかを考える冷静な視点を忘れずにいていただきたいと思っております。

注意ポイント5「できるだけ長く保有する」

　アンティークコインは、株やFX、暗号資産(仮想通貨)などとは異なり、短期間に価格が乱高下するような投機的な値動きをする類の物ではありません。アンティークコイン投資は、長く保有して値上がりをじっくりと待っていただく投資法です。

　ですから、アンティークコインを手に入れて、わずか半年や1年で利益を上げようという考えは、お持ちにならないほうがよろしいかと思います。

　最低でも5年、できれば10年、20年と長く保有してください。

　コインの種類にもよりますが、10年も保有していれば、アンティークコインの価格は購入時の何倍にもなっていることがあるからです。

　短期間では急激な値上がりをすることはまれですが、長く持ってさえいれば、ほぼ値上がりが期待できます。

　そして、高額なコイン、つまり希少性が高いほど、その傾向が強いのです。

ですから、アンティークコイン投資を成功させるカギは、希少性が高く、高額なコインを長く持ち続けることです。そもそも欧州の貴族たちにとって、アンティークコインは子々孫々へと伝える家宝でした。現代においても、美術品としての価値があるような貴重な品ですから、親から子、子から孫へと長く持ち続けていただくのがふさわしいと思います。きっといつの日にか、ご子息やお孫様が、あなた様からコインを受け継いだことを感謝なさるはずです。

4　アンティークコイン投資を成功に導くカギ

　前項では、コイン投資をする際に気をつけるべきポイントをいくつかご提示させていただきました。しかし、お客様ご自身で気を付けると言っても、具体的にどうすればいいのかとお悩みになられる方もいらっしゃるかもしれません。

　そこで、この項では、より安心してコイン投資に取り組むにはどうすればいいのか。具体的な実例も交えてお伝えしてまいりたいと思います。

成功のカギ１「コイン価格の相場を知る」

　アンティークコインで資産を増やしたいとお考えなら、まずは適正価格でコインを手に入れる必要があります。高値づかみをしてしまうと、そのコインが値上がりするまで長い時間待たなければならないことにもなりかねません。

　でも、コインの適正価格を知る方法はあるのでしょうか？

　ご安心ください。アンティークコインの相場を知るよい方法があります。それは前項でも説明した鑑定機関を利用すればよいのです。PCGS や NGC といった鑑定機関では、ありがたいことにコインごとの参考価格を公表してくれています。しかも情報はホームページから確認できますから、海外の機関だといっても、気軽に調べることが可能なのです。

　調べ方もとても簡単。公式のホームページにアクセスして、鑑定番号を入力するだけです。

ここからは裏技をご紹介いたしましょう。実は、この方法でコインの価格を調べれば、コインを販売している業者の信用度を計ることもできてしまうのです。というのも、私どもコイン業者も、鑑定機関が公表しているコインの価格を参考に販売価格を設定しているケースがほとんどです。

　ですから、あまりにも公表されている価格とかけ離れて高い価格で販売している業者があれば、そこは暴利をむさぼろうとしていると判断していただいていいと思います。

　ただし、誤解のないよう書かせていただきますが、鑑定機関に公表されているコインの金額はあくまでコインの価格のみです。私ども業者が販売する場合には販売手数料や輸入にかかる費用などいくつかプラスの費用が発生いたしますことはご承知おきください。

【PCGS 参考価格表示例】

【NGC 参考価格表示例】

　また、残念ながら鑑定機関で公表されている価格については、出回っているすべてのコインを網羅しているわけではありません。中には、掲載されていないコインもあります。そのようなコインに対しては、これまで開催されてきたオークションの結果を精査するしか方法がありません。とは言ってもコイン投資未経験の方には、この方法は不可能と言えるかと思います。そのような場合は、私どもに相談をしていただくのが一番でしょう。そうしたときのためにも、信頼のおけるコインショップを見つけておくことをおすすめいたします。

成功のカギ2「売り時を考える」

　アンティークコインの売り時を判断するには、2つの材料があります。1つは時間と、もう1つは値段です。どれくらいの期間、コインを保有するのか、値段がどれくらい上がったら売りに出すのか、この2点をあらかじめ決めてから購入すると、その後の資金計画がよりよく回る可能性が高いと言えるでしょう。

　たとえば、コインは長く保持するほうが、値上がり幅が大きい傾向にありますが、この先も同じ状況が続くかどうかはわかりません。また、もう少し長く持っていたほうが儲かるなどと考えて、売りに出すタイミングを

逃してしまうということも考えられます。そのあたりを踏まえた上で、売り時について考えてみましょう。

　投資で利益を得る方法には、インカムゲインとキャピタルゲインの２種類があることをご存知でしょうか？　インカムゲインとは、保有しているだけで継続的に受け取ることができる収入を言います。たとえば投資信託のように、投資会社が運用で得た利益を投資額に応じて分配金を得ることができる投資のこと。銀行預金の利息もインカムゲインにあたります。

　一方キャピタルゲインとは、株式や土地などを売却したときに得られる利益のことを言います。ちなみに投資信託を売却して得た利益も、キャピタルゲインとなります。アンティークコインは持っているだけで利益を得ることはできず、キャピタルゲインを狙う投資法に分類されます。ですから、売却時に購入時との差額がプラスになるように計算して売りに出す必要があります。

　コインも基本は株などと同じで、「安く買って高く売る」、これにつきます。そのためには、適正価格で購入することが大切ですが、売り時もポイントです。時間については、ご自身のプランに沿っていただければ、よいかと思いますが、値段については、あらかじめご自分の中で、購入時に、そのコインがどれくらい値上がりしたら売却するかを考えておかれるとよいかと思います。

　株でも５％値上がりしたら売る、10％値上がりしたら売るというルールを決めて運用をしているケースがあるように、コインもある程度の目安を決めておいて、そこまで値上がりしたタイミングで売却してもよいでしょう。その資金を元に次は、もう少しランクの高いコインに投資するといったことも可能です。

　実は私どもコインパレスでは、現在、コインの売り買いをもっと便利かつ気軽にできるようなアプリを開発中です。

　というのも、少し前まではネットオークションといえば、パソコンなどで入札をするヤフオクが定番でした。しかし、それが今やスマホのアプリ、メルカリに取って代わられています。人々はより手軽、簡単、便利なシステムへと流れます。

ところが、コインの世界では、未だにコインの写真を掲載したカタログをつくり、人を会場に集めてのオークションという方法を採用しています。もちろん高価な物ですから、美術品のオークションのようにセレブリティを感じさせる空間があってもいいと思います。しかし、コイン取引のすべてがそうである必要はないと思うのです。

　日常がますますスピーディーになり、世界の距離が近づきつつある今、悠長に数か月から半年かけてコインを販売する方法に、投資家の皆様はおそらく疑問を感じられるのではないでしょうか。趣味の世界でコインを愛でるコレクターならいざ知らず、投資のためにコインの売買をお考えの方のためにも、使い勝手がよく、スピーディーに売買が可能なコイン専門のアプリは、きっとお役に立てるはずです。

　コインパレスが運用するコイン売買アプリ「コインプラザ」にぜひご期待ください。

　後ほど詳しくご案内させていただきますが、このアプリがあれば、どなたでもコインの売り買いが容易にできるようになること請け合いです。

　なお、欧米の富裕層のコインコレクションは、数十年もの長い時間、ひっそりと保有されオークションなどに出回る機会もあまりありません。時折、オークション市場を賑わすようなコインが出品される理由の多くは、換金の必要にせまられてやむなく、もしくはコレクターが亡くなり、価値を知らない親族が手放したりするケースがほとんどです。

　つまり、欧米の富裕層は、それほど長い時間をかけてコインを収集しているということが言えるかと思います。ゆっくりと時間をかけてコインを愛でながら資産を醸造していく、そんな優雅なやり方こそ、アンティークコイン投資には向いているのかもしれません。

成功のカギ3 「信頼できる購入先を見極める」

　アンティークコイン投資を成功させるために、最も重要なカギの1つが、信頼できる購入先を見つけることです。注意ポイントのところでも、少し触れましたが、全世界を舞台に大金が動くアンティークコインの世界ですから、それを扱う業者も、実に多種多様です。

もちろん良心的な業者が大多数を占めますが、中には自社の利益を優先させるために、様々なあの手この手を使ってコインを売りつけようという業者も存在します。後ほど詳しくご紹介させていただきますが、サクラを使った商法や、ワインなどを提供して酔わせて正常な判断力を失わせるといった信じがたい方法を用いる業者もいるのです。

　また、最近では手軽にネットで個人から購入したり、ネットオークションで購入するといったことも可能になっています。思い立ったときにすぐ購入できますし、貴重なコインに出会える機会もあります。

　しかし、実店舗以上にネットの世界は無秩序です。良心的な人もいれば、端から詐欺まがいの商品を売りつけようと企んでいる輩も混じっています。

　そこで、ぜひともおすすめしたいのが、長く付き合える信頼のおける購入先を見つけることです。何をもって信頼しうると判断するかは難しいのですが、40年以上コイン収集をしてきた私から見ると、やはり長年経営をしている業者は、これまでの顧客との間に確かな信頼を築いてきていると考えられます。

　ここ近年のコイン投資ブームで、業者の参入もうなぎ登りに増えましたが、あっけなく廃業していく業者もあります。そんな中でも、順風満帆に経営の舵取りをしているのですから、信頼するに足りると判断できます。

　また、実店舗を持っている業者も安心です。ネットなら、ある日突然ホームページが消えたなどの被害に遭う可能性もありますが、実店舗であれば、そうした被害は避けられるのみならず、実際に商品をご自身でお確かめいただけるのが強みです。

　ホームページや冊子、書籍などで積極的に情報発信を行っている業者は、コインの知識や最新の市場状況にも詳しいと思われます。こうした業者なら、購入の相談をしても満足のいく結果が得られると考えていただいて間違いないでしょう。

　ご存知の方もいらっしゃると思いますが、アンティークコインは法律上は、古物にあたります。ですから、私のようにコインショップを経営する立場なら、古物商の免許が必要です。実は古物商の免許を取得するために

は、煩雑な手順を踏む必要があり、簡単には取得できないようになっています。お店を選ぶ際には、古物商の免許を掲げているかどうかということが判断材料の1つとなり得ることもぜひ覚えておいてください。

成功のカギ4 「できれば実物をご確認ください」

　同じ業者と何度か取引をして、確かな信頼が築けている場合ならいざ知らず、初めての取引、あるいはまだまだ経験が浅い場合は、できれば実物を確認してから購入することをおすすめします。特に高価なコインほど、偽物ではないか、表記されたグレードが確かかどうかといった点も合わせて確認していただければと思います。

　とはいえ、オークションに出品されている品に入札をかけて購入する場合などは、事前に実物を確認する方法がありませんから、そのような場合はこの限りではありません。また、ご依頼をいただいてから、海外のディーラーに発注をかけたり、他店に置いていないか探したりする場合もありますので、必ず実物を見てからと一概には言えません。店舗に置かれている品であれば、ぜひ足を運んでご確認いただいたほうが安心です。

　最近では、ネットでコインの画像を確認でき、お客様にとっては大変便利な時代となりました。私どもコインパレスでも、ネットで商品をご覧いただけるようホームページを設けておりますし、ネット経由でのお問い合わせもいただいております。

　しかし、ご承知のとおり、ネットの写真だけで判断するのはとても危険です。写真は簡単に加工でき、細かい傷などの確認が難しいからです。

　私どもコインパレスでは、実際にコインを間近で見ていただける日本初の会員制ショールーム（会員制ラウンジ）を開いております。日本最大級の広さに多数のコインを取りそろえておりますが、やはり、実物のコインが放つ黄金の輝きは別格です。

　完全予約制とさせていただいておりますので、落ち着いてゆっくりとご覧いただくこともできます。「新幹線の新神戸駅から徒歩4分、神戸空港から約15分」という便利なアクセスもあり、日本全国からお客様が足を運んでくださっています。コイン投資を考えてみようという方はぜひお気

軽にご来場ください。

成功のカギ5 「鑑定済かつスラブ入りのコイン」

　初めての1枚を選ぶなら、PCGS か NGC による鑑定を受けたコインのご購入をおすすめします。あくまで投資ですから、偽物を買わないというのが一番の鉄則です。その点、鑑定済のコインなら安心です。

　しかも鑑定を受け、さらにスラブケースという特殊なプラスチックの入れ物に封入されている物のほうがよいでしょう。中には、鑑定を受けてもスラブに入れられていない裸コインもありますが、保管上のメリットからもスラブ入りの物をおすすめします。また、売るときもスラブケースに封入されているコインのほうが売却しやすいでしょう。

　スラブケース入りのコインが安心である理由として、特殊な樹脂を素材としているスラブケースは、ラベルのバーコードや透かし、ホログラムといった紙幣にも使われているような最新の技術が使われています。そのため簡単に偽造することは難しいとされているからです。

　スラブの鑑定書を兼ねていてケースに貼られているラベルには、コインの状態を示すグレード、コインの種類、国、発行年度が詳細に記載されており、誰が見ても、そのコインの情報がわかるような仕組みとなっています。

　しかし、最近では、アンティークコインの偽造が組織的に行われているようです。鑑定付きでスラブに封入されたコインなら絶対安全かというと、巧妙にスラブまで複製されている偽物も出回り初めているとの情報もあります。精巧な偽札をつくるだけの技術があれば、スラブケースの偽物もつくれてしまいますので、頭の痛い問題です。

　もちろん、その対策法もあります。PCGS や NGC の公式ホームページで、コインの価格を調べることができることを説明いたしましたが、このシステムを利用するのです。鑑定番号を打ち込めば、コインの写真が出てきますので、それと比較してみるといいでしょう。中にはそれだけでは、真贋を判断できない場合もありますが、粗悪な偽物ならばそれだけで見破ることも可能です。

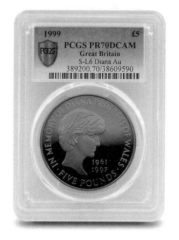

2019 年 ウナ＆ライオン
200 ポンド金貨（2 オンス）PCGS PR69DC

1999 年 ダイアナ妃追悼記念
5 ポンド金貨（2 オンス）PCGS PR70DC

成功のカギ6「贋作だと思ったら返品も厭わない」

　実際に商品が手元に届いたものの、「明らかに贋作である」あるいは「確認したところ贋作だとわかった」。こんな風に、万が一、贋作をつかまされてしまった場合は、泣き寝入りをするのは止めましょう。すぐに購入した店舗に連絡を取り、返品の手続を行うべきです。きちんとした商売をしているコインショップなら、まっとうな理由があれば、返品に応じてくれるはずです。

　逆に言うと、こちらが正統な理由で返品を希望しているのに、応じてくれないようなショップは、信頼に足りないと判断すべきです。ですから、購入前にはあらかじめ、返品が可能かどうかを確認してから購入したほうが無難でしょう。店舗を紹介するリーフレットやホームページにその旨が記載されているかどうかは確認しておきましょう。

　きちんとした業者のホームページならお買い物ガイドや利用規約などのページに返品条件が記載されている場合が多いはずです。コインを購入される前にそういった箇所にも目を通しておくといいでしょう。

　ただし、ホームページだけの販売の場合や個人で商売をしている場合は、

いくら「返品可」と書かれていても、実際に返品を受け入れてくれるかどうかわかりません。やはり贋作を購入してしまうリスクを避けるためには、信頼のおけるコインショップやディーラーから購入することが、一番安全で確かな方法です。

成功のカギ7「値上がりが見込めるコインを選ぶ」

　アンティークコインがここ四半世紀、ずっと右肩上がりで価格が上昇してきたことは、先にも述べました。この25年の間に、海外においては9.11事件（2001年9月11日のアメリカ同時多発テロ事件）や、リーマンショック、日本国内でも長引く株価の低迷やデフレスパイラルなど、株をはじめとする投資マネーが冷え込んだ時期がありました。

　しかし、その間もアンティークコイン市場は、右肩上がりを続けていたのです。株やFX、先物取引に金など、投資は色々あれど、他にこのような安定的な値動きをしてきた投資は、アンティークコイン以外、皆無だったと言っても過言ではないと思います。

　もちろん、すべてのコインが値上がりを続けていたわけではありません。アンティークコイン業界の好調を牽引してきたコインというものがやはり存在します。それはどういうコインかと申しますと、

　①人気の高いコイン

　②デザインの優れたコイン

　③希少性が高いコイン

　この3つに大別できると思います。もちろんこの中の2つの項目を兼ね備えていたり、3項目とも当てはまるコインも多数ございます。

　値上がりしやすい傾向のコインには、この他にも特徴があります。たとえば発行された国は重要なポイントですし、鑑定済かどうかも価格に大きな差が出ます。さらに鑑定後でもスラブ入りの物と裸コインでは圧倒的にスラブ入りの物のほうが有利です。そして、コインのグレードも重要です。

　価格に注目してみますと、やはり元々の価格が高いコインは、値上がりも大きく早い傾向があります。価格が高いということは、それだけ貴重で人々が欲しがっていることの裏返しとも言えるため、ご自分が売却する際

も売りやすいのです。ですから、それなりの価格の逸品を入手していただ
ければ、安心して値上がりを待っていただけます。

　このようなポイントも押さえながら、ご自分が買うべきコインを選んで
いただければと思います。

1910年 ジョージ5世 クラウン試鋳銀貨（年号あり）

1910年 ジョージ5世 クラウン試鋳銀貨（年号なし）

5 アンティークコイン選びのいろは

さて、コイン投資に関する基礎的な知識を学んでいただいたところで、次にコインを選ぶ際に知っておいていただきたい具体的な情報をお伝えしていこうと思います。

まずは、投資であることを念頭に、値上がりが見込めるコインとはどういうものなのかといった大原則から、コイン選びの秘策まで徹底的にご紹介いたします。こうした情報を知っておいていただくだけで、うっかり偽物や粗悪品を購入してしまうリスクを避けられるかと思いますし、実際のコイン選びが楽しくなること請け合いです。お気に入りの1枚を見つけるために、いざコイン雑学の森へまいりましょう。

①コインのグレードとは

投資用にコインを購入する際は、コインのグレードに注意してくださいということをお伝えしてきました。グレードが1つ下がるだけで、価格が大きく変わってしまうのは、アンティークコイン業界での常識です。せっかくなので、コインのグレードについて詳しくご説明しようと思います。

コインのグレードについては、今やワールドスタンダードとなっているPCGSとNGCという2つの中立の鑑定機関によって鑑定されたものが最も信頼性が高いと言えます。これらの鑑定機関で採用されているのが、シェルドン・スケールと呼ばれる世界基準で、最高鑑定が70となっています。以下、69, 68、67……と、数値が下がるとグレードも下がります。もしもコインに特筆すべきマイナス要素がある場合は、70段階の鑑定結果に当てはまらない、ディテール鑑定と判断されます。

ディテール鑑定となってしまった場合でも、スラブケースにその理由が明記されます。どこかで「銀貨を洗ってはいけない」という話をお聞きになったことはありませんか？ それは正解で、実は銀貨を薬品で洗浄したり、磨いてしまった場合は、クリーニング鑑定となってしまいます。他にも、目立った磨き傷がある場合は、ヘアライン（細かな線傷）、ひっかき傷の

場合は、スクラッチの判定を受けてしまいます。

　一般的にディテール鑑定を受けたコインは、そうでないものと比べて半値くらいに下がってしまうと言われています。

　アンティークコインは、様々な人の手を経て、現代へと伝わってきたメモリアルな品です。幾多の人の手を経るうちに、細かな傷や、摩擦によるすり減りなどができてしまい、それが味だと捉える場合もありますが、こと投資となると、なるべく傷や摩耗のない美しい物が好まれます。

　ですから、保存状態のいい物というのは、それだけ価値が高くプレミアが付くということも言えるのです。逆に言うと、売るときもこのグレードが価格に大きく影響してまいります。有名なコインなのに、安いからという理由だけで買ってしまい、後でグレードが低かったということに気づいても取り返しがつきません。

　なお、偽物のコインであれば、スラブケースに封入されることはありません。カウンターフェイトとして戻されてきます。そういう意味でも、鑑定機関 PCGS や NGC 鑑定を受けて、スラブケースに封入されていれば、本物のコインであることの証明となり、安心して購入することができるのです。

　グレードについて、他にも注意していただきたいことがあります。それは、販売会社によっては、自社基準で独自にグレードを認定している場合があることです。当然のことながら、世界的な認知は得られませんから、売る場合に価格に影響してくることは言うまでもありません。

　また、従来、日本では、未使用品、極美品、美品といった大まかなグレード分けがスタンダードでした。比べてみていただけば一目瞭然ですが、日本の区分では、同じグレード内のコインでもかなりの差が出てしまいます。シェルドン・スケールでは、わずか1鑑定ランクが下がっただけで、コインの値段が半値にまで下がってしまうこともあるのです。大まかな区分がいかに危険か、その一例だけでもおわかりいただけるのではないでしょうか。

　これまでの日本独自の文化やルールを否定するつもりは、毛頭ございませんが、アンティークコインの売買は世界が舞台です。やはり世界標準の潮流に乗ることが大切だと実感しております。

繰り返しになりますが、グレード認定に関しては、PCGS か NGC のどちら
かの認定がついているものをおすすめいたします。

Details表記

ナポレオン一世皇家の紋章
（出典：https://ja.wikipedia.org/wiki/ ナポレオン・ボナパルト）

1862 年
ナポレオン 3 世
有冠 100 フラン金貨
″幻の 100 フランプルーフ試鋳金貨″

コイングレーディングの重要性

　コイン収集が 1900 年初頭に注目を集め、今日と同様に、稀少さとコインの状態で、その価値が決定されました。 長い年月を経て、コイングレーディングはさらに細かいグレード区分のシステムに発達しました。 多くの場合、様々なコインディーラーによる「グレード」の主観的な割り当てがなされるという問題がありました。

　1948 年にグレーディングのシェルドン・スケールが紹介された後でも、依然として、貨幣収集家にとって世界共通の基準を取り決める必要がありました。

　1986 年に PCGS が設立され、稀少コイン収集家にとって、信頼できる対策を打ち出すことで、標準化に関しての問題は解決されました。 つまり PCGS・NGC は、消費者がコイン市場に自信を持って参加できる環境をつくり出すことによって、コイングレーディング業界に革新をもたらしました。

　PCGS・NGC ではコインの鑑定に際して、これまでにない公平さ、鑑定の正確さ、高い信頼性を保証いたします。

　グレーディング基準は 1 ～ 70 のシェルドン・スケールに基づき、コインを鑑定する際の指針となります。

PCGS グレーディング基準

グレード	説明
PO-1	識別可能な日付とタイプ
FR-2	ほぼ全体に磨耗が見られるが、一部ディテールは目に見える
AG-3	縁にすり切れあり、レタリングはすり切れがあるが読みとれる
G-4	縁がややすり切れていて、ディテールが平ら、周辺のレタリングはほぼ完全
G-6	縁は完全だがディテールは平ら、周辺のレタリングはほぼ完全
VG-8	ディテールはわずかで、デザインはすり切れている
VG-10	わずかなディテールと、わずかに透明性があり、デザインはすり切れている
F-12	ディテールの一部に深くくぼみがあるが、レタリングはすべて鮮明である
F-15	くぼみ部分にややディテールが多く、レタリングはすべて鮮明である
VF-20	ディテールの鮮明度に少々難あり、レタリングは完全でキレがある
VF-25	ディテールとレタリングにわずかな難あり
VF-30	ディテールはほぼ完全だが平らな部分あり
VF-35	ディテールは完全だがハイポイント（凸部）が平らで磨耗が見られる

XF-40	ディテールは完全であるが、ほとんどのハイポイント（凸部）がわずかに平らである
XF-45	ディテールは完全であるが、一部ハイポイント（凸部）が平らである
AU-50	表面ほぼ全体に磨耗があるが、ディテールは完全であり、ハイポイント（凸部）にやや平たさが見られる
AU-53	ディテールは完全であり、コインの半分以上は僅かな流通跡が付き、ハイポイント（凸部）は非常に軽いも磨耗が見られる
AU-55	ディテールは完全であり、表面（主にハイポイント（凸部））の1/2未満に磨耗が見られる
AU-58	ハイポイント（凸部）に僅かの磨耗が見られるが、ディテールは完全である
MS/PR-60	磨耗無し。かなりのへこみ／ヘアラインが見受けられる場合がある、ストライク（図案の鮮明さ）は完全でない場合がある
MS/PR-61	すれ無し 複数の重度のへこみ／ヘアライン、ストライクは完全でない場合がある
MS/PR-62	磨耗無し。わずかなへこみ／ヘアライン、ストライクは完全でない場合がある
MS/PR-63	中度の数字／サイズマーク／ヘアライン、ストライクは完全でない場合がある
MS/PR-64	へこみ／ヘアライン殆ど無し、あるいは数点激しいものがあり、ストライクは平均かそれ以上
MS/PR-65	へこみ／ヘアマークが少々あるがフォーカル（焦点）エリアには無し、平均以上のストライク
MS/PR-66	へこみ／ヘアライン殆ど無し、フォーカル（焦点）エリアには無し、良いストライク
MS/PR-67	事実上僅かな欠点のストライク、非常によくストライクされている
MS/PR-68	事実上少しの欠点のストライク、極僅かに弱いストライクが許される
MS/PR-69	事実上欠点なしのストライク、ほぼ完全なストライクが必要
MS/PR-70	完全な圧印されて、光沢感が溢れ、肉眼で識別できる印はありません。コイン外観の状態に影響をしないような微小な「鋳造」欠陥の存在を許容する

　上記の1〜70スケールに加え、下記の接尾辞が数的グレードをさらに詳しく説明するために特定のシリーズに加えられます。

定義	説明
RD	赤-95%以上は元の赤色
RB	赤茶-元の赤色は5%〜95%
BN	元の赤色は5%以下
CA	カメオ(Cameo)
DCAM	ディープカメオ(Deep Cameo)
DM	ディープミラー(Deep Mirror)
PL	ブルーフライク(Proof Like)
SP	スペシメン(Specimen)

出典：https://www.pcgsasia.com/standards?!=ja

②二大鑑定機関について

　PCGSとNGC、この2つの鑑定機関の間で鑑定に差があるのか？　気になるところではないでしょうか。もちろん2つの鑑定機関の鑑定に差があるといったパブリックなコメントはありません。しかし、私のように実際、コインに携わる仕事をしておりますと、その鑑定に差があることがひしひしと感じられます。

　ここだけの話ですが、これまでの傾向からNGCよりPCGSの鑑定のほうが、より厳しいという実感を持っています。それが証拠に、NGCで鑑定を受けたコインをPCGSで再鑑定したいご希望が少なからずあるのです。なぜかと申しますと、オークションなどでの潮流として、PCGSで鑑定を受けたコインのほうが高値がつく傾向があるからです。

　実際、私どもでお客様からお預かりしたコインをPCGSで再鑑定にかけますと、NGCで受けた鑑定より1ランク下がって返されてくるケースが少なくありません。と、申し上げますと、「ランクが下がるなら再鑑定しないほうがよいのでは？」という疑問を持たれる方もおられます。

　しかし、その効果は、売るときにはっきりします。先にご説明したとおり、PCGSの鑑定を受けたコインのほうが、高値で買い取ってもらえる場合が多いのです。また、鑑定が厳しいということは、その信頼性が高いということの裏づけにもなります。

　こうした理由から、私どもコインパレスでは、PCGS認定ディーラーの資格を取得しています。実はアンティークコインの鑑定機関に所属する鑑

定士は、自身がコインを所持することすら禁止されています。これは、万が一にも自分が所有するコインに高い等級をつけて、販売することがないようにするため。こうした厳しい業界倫理に下支えされて、アンティークコインの信頼性は高められているのです。

　なお、私どもコインパレスでは、お客様に安心してコインをご購入していただけるよう、PCGSに加えてNGC認定ディーラーの資格を取得しています。

③アメリカコインは投資向きか

前項で、値上がりしそうなコインについて３つの要素を掲げました。

それは、人気が高いこと、デザインが優れていること、希少性が高いことの３点です。

ここではより具体的にどのような国のどんなコインを選ぶべきなのかを掘り下げていきたいと思います。

実はコイン投資が最も盛んに行われている国はどこかと言えば、意外にも国として歴史の浅いアメリカなのです。アメリカでは、クラシックカーやビンテージジーンズなど、あらゆる物が現物投資の対象となり得ます。コインもその１つで、とても人気があります。

ここで投資大国アメリカならではの景気のいい話をご紹介しましょう。コイン投資が盛んなアメリカにおいて、驚きの価格を付けた１ドル硬貨があります。それは1794年にアメリカで初めて発行された１ドル硬貨で、表面には自由の女神が刻まれたもの。風になびく女神の髪の様子から、フローイング・ヘア・ダラーと呼ばれています。その見本としてつくられた

フローイング・ヘア・ダラー
（１ドル硬貨）

コインに対して、2013年に、1001万686ドルという途方もない値段がつきました。日本円だと約11億円です。試鋳貨であるために、これほどまでの値がついたのですが、これは金貨ではなく銀貨であり、しかも、もともとの価値は、たった１ドルの硬貨です。

これをアメリカンドリームと呼ぶべきなのかもしれません。

しかし、とうてい誰もがおいそれと手を出せる金額ではありません。この他にも７億や５億といった途方もない値段がついたコインが売り買いされているのが、アメリカのコイン市場なのです。

このような状況ですから、私などは、アメリカのコイン投資市場は、すでに価格が上がりすぎており、今から参入しても正直なところうま味がないと判断しています。人気が高くても投資としてうま味があるかどうか、そこは判断の材料として見極める必要があると感じています。

日本で人気の外車といえば、思いつくのはベンツ、BMW、ルノー、MINI、フォルクスワーゲンなど欧州メーカーの車です。アメリカ車ではありません。また洋服やバッグといったファッションの世界でも、エルメス、シャネル、ヴィトンと、ヨーロッパブランドが席巻しています。

　これは欧州の洗練されたセンスが影響しているのかもしれませんが、コインのデザインを見ても細部まで丁寧につくり込まれた欧州の物に比べて、アメリカのコインは少し大味な印象を受けてしまいます。

④日本人なら日本の小判？

　お菓子の下に小判といえば、時代劇で悪役たちが見せる定番のシーンです。ところが、こうしたことは時代劇の中だけの話かと思いきや、現代社会でも某電力会社のお偉いさんたちから、時代劇さながら「お菓子の下から金貨が出てきて驚いた」などというセリフをリアルで聞こうとは思いもよりませんでした。

　金貨や小判は何も悪いことをしていないのに、あたかも悪人に加担しているようなイメージを持たされることが、コインコンシェルジュの私にとっては耐え難い悲しみです。

　少し話題が逸れましたが、ある国でコインブームなるものが最初に起こるときには、自国のコインに注目が集まりやすいと言われています。振り返ってみると、日本でも昭和39年の東京オリンピックの記念硬貨がきっかけとなり、コイン収集ブームが起こっています。

　日本から遅れること約半世紀、今まさに中国の人々がこぞって自国のコインを収集しています。

　さて、その後の日本のコインブームはどうなったでしょうか？　残念ながら、欧州やアメリカでのアンティークコイン収集のように、定番の趣味となることはありませんでした。日本では、古銭収集は一部のマニアの趣味としてしか根づかなかったのです。

　しかも、イギリスやフランスのコインが全世界から注目されているのとは異なり、日本のコインは海外の収集家からさほど注目されることはありませんでした。それはなぜでしょうか？

たしかに江戸時代の小判などは大型で目を引きますし、形状も他の国ではあまり例をみないユニークな姿をしています。

　しかし、デザイン性という面ではどうでしょうか？　小判の上に黒い墨で何かが描かれているのを見た海外の収集家が、そのデザイン性に惹かれる可能性は残念ながら低いと言えます。

　しかも近代の日本のコインで高値がつくものは、50円玉の穴なしや、刻印のずれといったエラーがある物がメインでした。そうした視点は日本人ならではで、大変ユニークだとは思いますが、世界基準の美しさという観点で見ると、疑問点がつきます。

　もちろん私とて日本人の1人として、日本のコインのデザイン性が向上し、世界各国から求められるようになれば、とても喜ばしいことだと思っています。特殊な感性を持った東洋の島国ではなく、日本の物づくりの素晴らしい力量をベースに、日本のデザインの素晴らしさが世界水準になれば、それこそ怖いものなしと言えるでしょう。

　今や、日本の若い芸術家やデザイナーの中には、世界を相手に戦える感性を持った人が増えてきていますから、今後の日本のソフト分野での活躍が、楽しみでなりません。

　さて、私たちコイン界の新興勢力たるコインディーラーたちが、これまで国内の古銭中心だったコイン収集の世界に、海外の魅力的なコインを紹介した影響も少なからずあると自負しているのですが、ここのところ日本のコインファンの間では、海外の美しく価値あるコインの人気が高まり続けています。

　目に触れる機会が多ければ多いほど、人の目は肥えるものです。彫り技術の確かさ、刻印の美しさ、そして時代を経てきたからこその艶めいた輝きなど、海外のアンティークコインの美しさを知る方が増えてきたことは、私にとってもこの上ない喜びなのです。

　もちろん日本にも素晴らしい古銭や金貨があります。そういったタイプのコインを集める方も、海外のアンティークコインを集める方も、いろいろなコインファンがいてこそ、コイン収集の世界がより深く広がっていくことは間違いないと思います。

⑤近代日本コインの礎を築いたイギリス

　明治時代、近代の夜明けを迎えようとしていた当時、日本政府の高官たちは欧米列強に追いつこうと必死でした。脱亜入欧政策などはまさにその最たるものですが、日本が欧米に劣っているのではないかという不安を払拭するために、西洋文明を取り入れるべく奮進したのです。硬貨の鋳造もその１つでした。

　明治４年には大阪に造幣寮（のちに造幣局）を完成しましたが、工場の設備や技術、運用は、外国人に頼らざるを得ず、約30名の外国人を雇い入れました。その際、お手本にしていたのは、やはりイギリスでした。

　前年にその新設の造幣寮造幣首長に任命されたのは、イギリスの軍人で技術者のトーマス・ウィリアム・キンダーでした。来日前、彼はイギリスの植民地である香港造幣局のトップを務めていましたが、その施設が閉鎖されたことから、日本にその造幣設備一式を６万両という値段で移設しています。

　つまり明治政府が発行した硬貨には、イギリスの技術や設備が使われているのです。キンダーと同時に、イギリス人ウィリアム・ゴーランドが、大阪造幣局の前身である造幣寮に化学兼冶金技術者として招かれ、近代日本の硬貨鋳造に多大な貢献をしています。

　近代日本のコインの歴史にとって、イギリスは欠かすことのできない存在だったと言えるでしょう。

⑥コインは、古ければいいというわけでもない

　アメリカコイン市場の例を挙げましたが、他にもアンティークコインと言えば、古代コインや、神聖ローマ帝国のコインなども有名です。

　このうち古代コインは、古いから価値が高いのではと思われる方も少なくないかもしれません。たしかに古代コインには、新しいコインにはない手作り感や時代を経た重みといったものがあり、悠久の歴史ロマンを感じさせてくれます。

　しかし実は古代コインには、発掘リスクというものが存在します。土地を掘ってみれば由緒ありげな壺が発見され、中にはコインがたっぷり詰

まっていたなどの話を聞けば、ロマンを感じてしまいますが、これがコイン投資にとっては少なからず脅威となります。

お宝が見つかることは喜ばしいことのように思えますが、なぜリスクとなってしまうのでしょうか？

というのも、コインの価格を決める要素の1つに希少性がありますが、これまで100枚しか残っていないと思われていたものに、新たに100枚見つかったとなると、価格が下がってしまうからです。これは高級時計に例えると、シリアルナンバーがついていると、プレミアが付くのと同じことです。100限定のはずが、新たに100追加販売されます、となるような物なのです。そうなると希少性は下がります。

古代コイン

さらに詳しく言いますと、たとえばイギリスのアンティークコインなどは、きちんと発行枚数の記録が残っているので、現在、どのくらいコインが残っているかが把握できています。しかし古代コインについては、そもそも最初に発行された枚数がわかっていません。ですから、どこかの遺跡やどこかの沈没船から、大量に同じコインが見つかって価格が下がってしまう可能性がないとも言えないのです。古代コインには、このような発掘リスクという可能性があることを覚えておいていただければと思います。

⑦人の手が加わることの難しさ

もう1つ、神聖ローマ帝国のコインはどうでしょうか？　個人的な好みを申しあげさせていただくと、美しい都市景観図やレオポルト1世など有名な国王の10ダカット以上のコインのできは素晴らしく、見ていて飽きません。中には、こうした優れたデザインのコインもあります。

しかし、神聖ローマ帝国のコインは実に種類が多く、投資に向いているコインが絞りにくいという難点があります。

その理由をご説明しましょう。もともと神聖ローマ帝国は、9〜10世紀に国家として成立しました。地理的には現在のドイツやオーストリア、

チェコといった地域が当時の神聖ローマ帝国にあたります。ローマ皇帝を君主としていましたが、諸侯や都市が半ば独立した形で領地を支配しており、各都市や地域ごとに独自のコインが発行されていました。そのため、コインの種類が豊富なのです。

　また、ドイツ人は日本人と同じように手先が器用なため、ＤＩＹ好き。職人の技術力も高く、工業技術力にも優れています。そのためか、ドイツのコインには補修されてしまった物が多く存在します。

　先に述べたように、磨いたり洗ったり補修されたコインは、ディテール鑑定を受けてしまいます。こうしたコインは、あまり好まれず、価格も下がります。コイン業界には、傷やへこみもそのままに手を加えないコインのほうが価値が高いという　世界共通の認識があるからです。神聖ローマ帝国のコインを投資として扱うのが難しい理由はここにもあります。

　なお、コインを購入する際には、現代の国の国力も分析する必要があります。ドイツは自動車産業が潤っていて安定感のある国というイメージがありますが、ドイツ銀行が倒産するかもしれないという噂が流れる状況で、今後のドイツコインの行く末がどうなるのか、一抹の不安を感じずにはいられません。

1671年レオポルト1世10ダカット金貨

⑧新興国のコインは伸びしろがある？

　中国を始めとして、シンガポールやマレーシア、タイ、フィリピンといったアジアの国々が、新興勢力として発展し、国力を着々と蓄えてきています。どの国の国民も最初は自国のコインに興味を持つ傾向が高いことから、新興国のコインに投資をしてはどうかと、すすめるディーラーもあるようです。

　たしかに発展途上国への投資も面白いとは思いますが、そういった国のコインが、果たしていつ値上がりするのか、それは誰にもわかりません。これに関しては、日本がいい例になるのではないでしょうか。バブル景気の頃には、ジャパン・アズ・ナンバーワンとまで評価されていたにも関わらず、日本のコインはさほど世界で高い評価を得ることはありませんでした。日本のコインは、日本国内のみの、一過性のブームで終わってしまったのです。

　つまり経済の発展とその国のコインの値上がりに相関関係はないのです。というと、先程のドイツの国力の話と矛盾が生じそうですが、ドイツの場合はすでに経済大国であり、政治的にも欧州で強い存在感を発揮しています。しかもドイツのコインには優れた物も存在しています。政治的にも文化的にも成熟した、そうした先進国が陰りを見せる場合は、コインの人気にも少なからず影響がある可能性があります。

　一方、新興国の場合は、経済的にはこれから伸びる可能性が高いかもしれません。ですから株や債券といった投資なら、経済的な伸びは投資の指標として有効かと思われます。しかし、ことコインに関しては、事情が異なるのです。

　バブルの頃の日本を例に引いたように、コインのデザインや希少性といった観点から分析すると、今後、新興国のコインの人気が出るのか、それとも特に世界から注目されることもなく埋もれていくのか、それは誰にもわからないのです。それにあれほど、世界からその経済力が注視されていた中国ですら、今や景気に陰りが見えています。アジアの新興国が今、好景気だからといって、いつまでもその景気が続く保証はどこにもありません。

コインに関しては、他の投資のように経済成長率で判断するのではなく、デザインの確かさや、美術品としての価値の高さ、希少性、歴史的な重みといった独自の視点から判断すべきだと心得ます。

⑨では、買うべき国のコインとは

これまで人気のコインについて、色々な角度から検証してまいりました。それでは、これから投資を始めようという人が、投資目的で買うべきなのはどのようなコインなのでしょうか。

ずばりイギリスコインがおすすめです。イギリスコインを買うことのメリットを3つ掲げます。

1つ目はイギリスという国の知名度が高い。

2つ目は人気の割にまだまだ値段が安い。

3つ目は優れたデザイン。

以上の3つがイギリスコインをおすすめしたい理由です。

イギリスコインの他にも、フランスのコインもおすすめできます。理由はイギリスと同じです。国の知名度、そして値段の割安感。さらには、芸術の国、フランスならではのコインデザインの美しさも見逃せません。

しかし、フランスは革命によって王政とは決別しました。その一方、イギリスでは2022年9月世界中の尊敬を集めたエリザベス2世が崩御されましたが、イギリス史上最長在位中のエリザベス2世の肖像を刻んだ様々な記念コインとともに、新国王チャールズ3世の治世初コインが発行されました。これらはモダンコインと呼ばれています。

アンティークコインとは少し異なる位置づけをされてはおりますが、モダンコインも最近では、投資目的での需要がかなり増えてきました。アンティークコインの価格に比べると、購入しやすい価格というのも魅力です。投資に最初から大きな資金を投入するのは、少し不安だという方は、モダンコインから初めてみられるのもいいかもしれません。私どもコインパレスでもモダンコインへのお問い合わせも大変増えており、当店もモダンコインの品揃えに力を入れているところです。

なお、最近、コインの売買が盛んになったことで、いいコインがなくなっ

てきていると、主張する人たちがいます。「市場原理としてよい物から買われるから、だんだんいいコインが少なくなっている」という理論です。

　しかし、私はそうは思いません。いいコインが市場から姿を消しているだけで、コインの名品はまだまだたくさんある、そう思っています。

　実際、私どもコインパレスでは、世界中を探してコインの名品を見つけ出し、オーナー様と直接交渉させていただきます。もちろん一朝一夕に売っていただけるわけはありません。丁寧にオーナー様と信頼関係を築くところから始めて、時間をかけて粘り強く交渉する。そんな愚直なやり方で、これまで日本で最も多く、名品の「ウナ＆ライオン」を手掛けることに成功してきたのです。

　次章ではなぜイギリスコインがおすすめなのか、その理由をさらに詳しく掘り下げていきたいと思います。

2019 ウナ＆ライオン 試鋳金貨 Trial piece
2000ポンド(2キロ)金貨 ホールマーク入り 世界現存数1枚

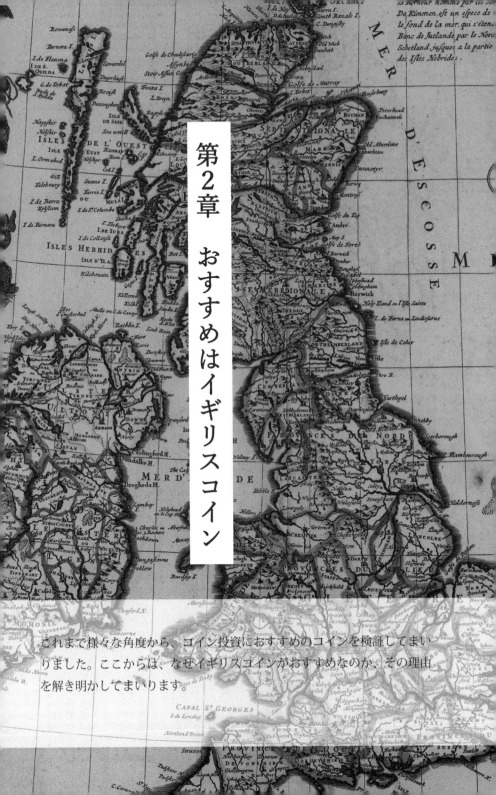

第2章 おすすめはイギリスコイン

これまで様々な角度から、コイン投資におすすめのコインを検証してまいりました。ここからは、なぜイギリスコインがおすすめなのか、その理由を解き明かしてまいります。

私が投資目的のコインをイギリスの物に絞っている大きな理由は、世界広しと言えども、優れたデザインのコインは限られているからです。イギリスコインには、他の国に比べて優れたデザインのコインが多く存在しています。あれもこれもと多くの国のコインに手当り次第に投資しても意味がありません。イギリス一本に絞っているのは、そういう理由があります。

　そして、なぜイギリスなのかという点に関しては、以下に詳しくご説明してまいります。

1　おすすめの理由①イギリスの知名度

太陽の沈まぬ国の女王

　今をさかのぼること、約180年前に即位した大英帝国のヴィクトリア女王。彼女の時代には、イギリスは繁栄を極め、なんと世界の4分の1をその支配下に治めていました。世界各地に領土を持っていたため、ヴィクトリア女王は「太陽の沈まぬ国の女王」とまで呼ばれたほどです。

【1909年当時のイギリス勢力範囲】

THE FLAGS OF A FREE EMPIRE, SHOWING THE EMBLEMS OF BRITISH POWER THROUGHOUT THE WORLD

時代が下っても、イギリスの影響力というのは、さほど衰えていないのではないかと思います。世界には王政を取っている国が 27 ありますが、その中で、最も有名なのは、間違いなくイギリスです。

　そのイギリス王室の中心に燦然と輝いていたエリザベス 2 世ですが、2022年 9 月に崩御されました。それに伴いチャールズ 3 世が即位、2023 年 5 月6 日ウエストミンスター寺院にて戴冠式が執り行われました。

　エリザベス 2 世の国葬の模様は日本でも配信され、悲しみを分かち合い、その後のチャールズ 3 世の戴冠式の模様では、新しいイギリスの国王誕生を祝いました。

　このようにイギリスでの王位継承は、まさに歴史の 1 ページであり、今は亡きエリザベス 2 世やフィリップ王配をしのびながらも、チャールズ 3 世が即位されたことにより、ウィリアム皇太子、キャサリン皇太子妃と新しい治世の幕開け。今もなおイギリス王室は、世界中の多くの人々の憧れであり、そのお子様たちの成長も公開されるやいなや話題となります。

　イギリス王室を巡るニュースは、毎日のように世界中で報道されています。しかし、イギリス以外の外国の王室が、日本のニュースに登場することはほとんどありません。

　日本以外の王室の方々、たとえばオランダやマレーシアの王様の顔を思い浮かべることは難しいのではないでしょうか。

英連邦王国

　カナダやオーストラリアを訪れたことがある方ならご存知かもしれませんが、これらの国のお札にはエリザベス 2 世が描かれていました（現在、チャールズ 3 世に王位が継承されましたが、しばらくは新旧硬貨や紙幣を

使用するようです）。なぜイギリスの王または女王が描かれているかと言えば、カナダやオーストラリアは「英連邦王国（コモンウェルネス・レルム）」だからなのです。イギリス王（君臨すれども統治せず）を自国の国王とする国の集まりで、15か国が所属しています。よってオーストラリアの国家元首の称号は、「神の恩寵による、オーストラリアおよび諸領土の国王、コモンウェルス首長、チャールズ3世」です。

チャールズ3世は、オーストラリアでは、イギリス王ではなく、自国オーストラリアの名を冠した称号で呼ばれています。

このほかにも「イギリス連邦」という国や地域の集まりがあります。これはイギリスを始めとして、インドやシンガポール、カナダやジャマイカ、ケニアなどなんと世界56か国もの国々が加盟している集まりです。世界196か国のうち、56の国々ですから、約4分の1の国々が加盟していることになります。これも大英帝国時代の植民地支配の名残が今に続いているからなのですが、いずれにしても、イギリスの世界への影響力の強さというのは、このようなところにも現れていると言えそうです。

では、イギリス国内における王室人気というのは、どの程度のものなのでしょうか？　これは、私が実際にイギリスに足を運んで感じたことなのですが、イギリスでは、王室が生活の中心にあるという印象です。

ロンドン市内には、各地に王室にまつわる建物があります。観光客が必ず訪れるバッキンガム宮殿はもちろんのこと、ロンドン王立天文台、ロンドン王立植物園、ロンドン王立美術館、ロンドン王立裁判所、王立音楽アカデミーなど、市民の生活に直結する施設や建物の多くに“ロイヤル”の冠がついています。

イギリス王室は、連綿と続く歴史の中で人々の生活に根づき、政治はもちろんのこと、経済や美術、音楽といった様々な文化、科学、教育など、あらゆる分野において影響力を発揮してきたことは間違いありません。

エリザベス2世の人気の高さ

特筆すべきは、エリザベス2世の人気の高さです。ご存命の際、イギリス国内の調査でも、イギリス王室で最も人気が高かったのが、エリザベス2世でした。ご高齢であるにも関わらず、亡くなる直前まで公務を務めたご様子

が、国民の目から見ても勤勉で責任感が強く、誠意があると感じられていました。爽やかで親しみやすく国民から大人気のウィリアム皇太子、若くて美しくメディアで取り上げられることが多いキャサリン皇太子妃をおさえているのですから、正真正銘の物だったと言えるでしょう。

　イギリス王室が世界でも最も影響があるのは事実です。どの分野でも1番メジャーなものを選べば間違いありません。たとえば暗号資産（仮想通貨）では、ビットコインが一番人気で2023年現在約9000種類以上存在するとされる暗号資産（仮想通貨）の頂点にいます。

　イギリス王室もこれと同じです。新しいチャールズ3世の治世となり、イギリス史上最高在位の世界で最も尊敬を集めるエリザベス2世の肖像が刻まれたコインは今後どうなっていくか、見守りたいと思います。

2　おすすめの理由②人気があるのにリーズナブル

1億円の大台を突破したイギリスコイン

　リーズナブルと言い切ってしまうのは、語弊があるかもしれません。と申しますのも、ここ最近、相次いでイギリスのコインが、オークションで1億円の大台を突破したニュースが飛びこんできたばかりだからです。

　2019年初めには、「ウナ＆ライオン」のデザイナーであるウィリアム・ワイオン作のスリー・グレイセスの金打ちが、1億円で落札されています。これは試作品であり、世界に3枚しかない貴重な物であったがゆえに、このような価格で落札されています。

　さらに詳しくご説明しますと、同じデザインの銀貨もPF62グレードでも1500万円、PF63グレードなら1800万円という高価格で取引されている人気のデザインなのです。

　さて、コインに詳しい方なら試鋳貨と聞いて、なるほどとお思いになるかもしれませんが、コインに関する知識がない方には、なぜ試鋳貨にこれほどの高値がつくのか、不思議でしょう。前述したように、アメリカで約11億円ものレコードプライスを叩き出したフローイング・ヘアーと呼ばれる銀貨も、試鋳貨でした。スリー・グレイセスの金打ちも同じく試鋳貨です。

なぜ、試鋳貨がこのように高い価格で取引されるかというと、市場に流通させる前に鋳造したいわばサンプルだからです。非常に数が少ないのです。また流通コインが銀貨なのに、試鋳貨は金や銅といった他の金属でつくられることもありました。

　こうしたレアな存在であることがコレクターの心を掴むのです。このことからも、コインの世界において、希少性というものがどれほど大切かというのが、おわかりいただけるのではないでしょうか。

　ところで、イギリスコインの人気について、1つ補足しておきたいことがございます。ディーラーの中には、イギリスコインは今、バブルを迎えているという主張をする人たちもいますが、それは間違いです。そもそも30年前のイギリスコインが安価に置かれすぎていたのです。アメリカのコインと比較してもデザイン、品質、希少性ともに優れているイギリスのコインがようやく正当に評価され始めたに過ぎないのです。

　しかし、イギリスという国の潜在的な人気度や知名度からしてみると、伸びしろがあるのが、アンティークコイン業界のおおかたの見方です。種類によっては、数百万円で手に入るアンティークコインもありますので、そういった意味でも投資に向いています。

1907年20ドル金貨セントゴーデンズ
ハイレリーフ

　コインオークションが盛んなアメリカでは、コインの価格が上がりすぎていて、約11億円

のフローイング・ヘア・ダラー銀貨を筆頭に、7.6億円のセントゴーデンズ金貨（通称：ダブルイーグル）や、数億円単位という高値のコインがゴロゴロしています。かたや、国としてアメリカよりも古い歴史を持ち、コインのデザインという観点から見てもとても美しいイギリスコインは、まだようやく億単位のコインがちらほらと登場した程度。時代が下るほどに希少価値が高まってきますから、イギリスの希少コインは、これからどんどん値上がりするのは明らかです。

　世界で最も美しいコインと呼ばれる「ウナ＆ライオン」もコインの価格を掲載している雑誌によると、10年程前は670万円程度で買えたものが、今では4000〜6000万円くらいの相場になっていると思われます。

イギリスコインの値段急騰の理由

　なぜ、最近になって、ここまでイギリスコインの値段が急騰したのでしょう。1つには、イギリスコインの価値に対して、ようやく市場による正当な評価が下されつつあるからだと言えるでしょう。本来の価値に対して、価格が安ければ安いほど、投機筋が目をつけます。世間では、まだまだ認知度が低くても、一攫千金の匂いがするところを、嗅覚鋭い投機筋が放ってはおきません。一般の人々に先駆けて、埋もれているお宝の価値に気づくのは、案外、こういう人たちなのかもしれません。

　次の項でご説明しますが、イギリスコインのデザインの美しさは、特筆すべきものがあります。にも関わらず、価格的にアメリカコインの後塵を拝しているのは、コレクターとしてはありがたいものの、コインを愛するコンシェルジュとしては、少しやるせないような気持ちにもさせられます。

　もちろん、お客様にとっては、イギリスのコインが少しでも安く手に入るほうがいいに決まっておりますので、その価値を少しでも多くの方にわかっていただきたいと願う一方で、アメリカの数億単位で取引されるコインのように、一般人の手の届かない価格になってしまうかもしれない心配もあり、コインを愛する者ゆえの複雑な思いに揺れているところです。

　世界はまだまだイギリスコインの魅力に気づいていません。本来ならもっと高く評価されてしかるべき素晴らしいコインがたくさんあるのです。

3 おすすめの理由③優れたデザインの数々

ウィリアム・ワイオンの彫刻

　前項でも触れた世界一美しいコインと称される「ウナ＆ライオン」のレリーフを担当したのは、ウィリアム・ワイオンという彫刻師です。1795年、イギリスに生まれたワイオンは、長じて王立造幣局で彫刻師長として活躍します。大英帝国がヴィクトリア朝と呼ばれるほどに、文化や産業が花開いた時代に優れた芸術家が活躍したことも、時代の巡り合わせと言えるのではないでしょうか。

　ウィリアム・ワイオンの素晴らしさは、歴代の王立造幣局の中でも群を抜いているとされており、彼が手掛けたコインは、その美しさゆえに軒並み人気が高く入手が困難となっています。彼が活躍したのは、1800年代のこと。

William Wyon

当時の日本

　当時の日本はといえば、江戸時代天保年間でした。天保といえば、江戸の三大飢饉にも数えられる天保飢饉が起こった時代です。まだ日本に蘭学が入ってきたばかりで、新しい学問を学ぼうとしていた渡辺崋山や高野長英といった人物が言論弾圧を受け投獄されるという閉鎖的な時代でした。

　ほどなくして江戸幕府の求心力も徐々に衰え、大政奉還を経て、開国といった激動の時代へと向かいます。イギリスが7つの海を支配し、太陽の沈まぬ国と呼ばれるほどに繁栄を極めていたのとは、対照的だったのです。

　このような時代に、現代に生きる私たちをも魅了する素晴らしいデザインのコインが生まれたことは特筆すべきことだと思われます。

　美しい女神ウナが、雄々しいライオンを従える姿がなんとも美しく1枚のコインに収まっています。このウナは若きヴィクトリア女王を、ライオンは大英帝国を具現化していると言われています。ウナのほっそりとしながらも、意志を感じさせる立ち姿、そして、ライオンの威厳ある佇まいの対比が見事です。また、女神の優美なライン、ライオンのたてがみなどの

造形が本当に美しく見ていて飽きることがありません。

　世界中の人々を魅了してやまない美しいコインは、当初400枚発行されましたが、現在では残存枚数100枚を切っていると思われます。その美しさと貴重さゆえに世界中の誰もが手にしたい垂涎の1枚なのです。

　ウナ＆ライオンが最初に発行されたときの400枚という数がまたコインコレクションの観点から見てベストな枚数でした。コインというものは発行数が多すぎると値上がりしませんし、かといって少なすぎると市場価値がわかりにくくなってしまうからです。しかし、そんなウナ＆ライオンも溶解されたり、紛失などで、今や世界に現存するのは100枚、あるいはそれ以下だと思われます。

なぜウナ＆ライオンは市場に出てこないのか

　まずウナ＆ライオンが市場に出てくるのは、簡単なものではありません。イギリスのコインカタログSPINKによると、2018年までは金額評価額が記載されていたのですが、2019年には『Extremely　rare』（極めて珍しい）となっており、今や金額で表すことが難しい状況となっているのです。

　なぜ、ウナ＆ライオンは市場に出てこないのでしょうか？

　そもそも現存数が少ないことが1つ、もう1つの大きな理由として、ウナ＆ライオンのほとんどを富裕層が所有している点が挙げられます。実は「ウナ＆ライオンを所有することが、富裕層にとってのステータスである」とまで言われています。そして、富裕層の方々はお金に困っていませんから、コインを売る必要は全くありません。だからこそ、ウナ＆ライオンは手放されることなく富裕層の元に留まり、子孫へと受け渡されていくのです。

　ちなみにPCGSとNGCという世界2大鑑定機関の鑑定数を合計しますと、200枚ほどの鑑定枚数となりますが、これはおそらく同じコインを両方の鑑定機関に鑑定に出している可能性があるからだと思います。「ウナ＆ライオン」に関して、これまで日本で一番、数多く売買を手掛けてきた私だから言えるのですが、現存する枚数は、全世界に100枚、あるいは、もっと少ないのではないかと見ています。

　これまでも同コインを10枚鑑定に出したとしたら、鑑定がつくのはせ

いぜい5枚と半分程度、残りの半分は鑑定に値しないという意味のディテール鑑定がつくといった感じです。こうした結果からも、資産として保有するに値する「ウナ&ライオン」は、もはや100枚程度、あるいはそれ以下しか残っていないと予測しています。

神話をモチーフにしたデザインのコイン

さて、ウナ&ライオンの素晴らしさに、つい熱が入ってしまいましたが、ウナ&ライオン以外にもイギリスコインには優れたデザインのものがたくさんあります。神話をモチーフにしたデザインといえば、「聖ジョージの竜退治」という題材があります。

1800年代の初めに活躍したベネデット・ピストルッチという彫刻師が手がけたものですが、これが最初はソブリン金貨の裏面に採用されました。後に1900年代に入ってからも、ジョージ5世やジョージ6世の5ポンドプルーフ金貨にも採用されることとなります。

ピストルッチは、ウィリアム・ワイオンとほぼ同時期に活躍していました。馬上の守護神が竜と戦う躍動感あふれる図柄が、神話の世界を生き生きと表現しており、こちらも人気の高いデザインです。こちらのデザインは、エリザベス2世のモダンコインにも過去何度か採用されているので、比較的取得することは容易です。

この他にも歴代の王や女王の肖像が、各時代の彫刻家たちによって堂々と描かれており、王達の生き様に思いをはせることができるのも、歴史あるイギリスならではのコインの楽しみ方でしょう。もちろんこうした肖像

1817年
ジョージ3世
クラウン試鋳銀貨
聖ジョージ竜退治

のレリーフも美術品として価値の高いものが数多く存在しています。

　各国のコインを取り扱ってきた中で、やはりイギリスコインの美しさは群を抜いていると自信を持っておすすめできます。

4　おすすめの理由④イギリスコインの値下がりを期待するのは誰？

バブルが弾けることはない

　最近、とある筋から、「イギリスコインは値上がりしすぎたとか、イギリスコインは、そろそろバブルが弾けるだろう、といった話を聞いたのだが、大丈夫でしょうか？」とお客様からご相談がございました。

　これについては、全くご心配いただく必要はありません。そういった噂の出どころについて心当たりがあるからです。実は同じようなことが、暗号資産（仮想通貨）ビットコインの場合もございました。そのときのことを例に、イギリスコインの安全性の論拠を示したいと思います。

　暗号資産（仮想通貨）が登場し、その人気に一気に火がついたとき、「ビットコインのバブルが弾ける」と主張していた人たちがいました。実際、色々な問題が発生したことから2017年末に一時200万円の値をつけていたビットコインが翌年には、わずか30万円台まで急落してしまったことがありました。しかし、その後はどうでしょう？

　一時はビットコインから離れていた投資家が徐々に買い戻し、価格も徐々に回復しつつあります。

　ビットコインのバブルが弾けたとき一番に買いに走ったのは、誰だったのでしょうか？　実はビットコインのバブルが弾けると、主張していた業者や論者たちだったのです。つまり彼らは、「下がるから注意するように」と投資家の不安を煽りつつ、下がるタイミングを待ち望んでいたのです。

批判の声は人気の裏返し

　同じことがイギリスコインにも言えます。幸いなことにイギリスコインに関しては、これまでバブルが弾けたことはございません。しかし何事にも「絶対」が存在しないように、これからも決してないとは言いきれません。

ズバリ言います。イギリスコインの値下がりやバブルが弾けると主張している人たちは、それを待っている人たちなのです。イギリスコインの値が下がったら、新たに商売に乗り出そうと考えている人たち。つまり、これまでイギリスコインをメインに扱って来なかったディーラーやコイン商が、そのような噂を流しているのではないかと想像できます。

　またイギリスコインを批判する人たちの中には、イギリスコインが売れると困る人たちがいます。自分たちの在庫にある他国のコインが売れなくなるからです。そういう意味で、私はイギリスコインに批判の声があがるのは、イギリスコインの人気が高いことの裏返しであると思っています。

5　おすすめの理由⑤イギリスコインの優位性を示すグラフ

「GB200」のグラフ

　イギリスコインの値上がりの確かさを示すデータとして、よく用いられるのが、スタンレーギボンズ社の「GB200」というグラフです。これはイギリスのコインのうち、値動きが大きな物上位200銘柄の値段の上がり下がりを時系列にグラフ化したものです。

　最近に至るまでのイギリスコインの右肩上がりの状況が示されており、アンティークコインのことを紹介した本には、イギリスコインの優位性を示すとして、必ず掲載されていると言っても過言ではありません。

　おそらくですが、イギリス以外の国のコインには、そもそもこのようなデータ自体が存在しないのではないかと思います。イギリスと同じく人気コインが揃うフランス、あるいはコインオークションで何億というお金が飛び交うアメリカですら、このようなグラフを目にしたことがありません。

　ところが不思議なことに、「もう天井値だ」とか「もうすぐバブルが弾ける」とイギリスコインにネガティブな発言をしているディーラーたちも、自分たちの言論の正当性を示すために、このグラフを用いるのです。

　彼らの論旨は、「ここまでこんなに堅調に上がってきました。だから、もう上がりません」とのことですが、これはおかしいとは思いませんか？

　私たちイギリスコインを扱うディーラーは、「これまでイギリスコイン

はこれほど堅調に値上がりしてきました。それはイギリスコインの人気が高まってきたからです」と客観的な指標を用いて示しているにすぎません。なぜなら、この先のことは誰にもわからないからです。

　コインのみならず、あらゆる相場のことは、相場の神様と呼ばれている伝説の投資家たちですら予想不可能です。自然災害や環境の変化、戦争、政治、生活スタイルの変化など、ありとあらゆる事象が複合的に干渉しあって、世の中の方向性が決まるからです。しかも最近は、IT技術やグローバル化の進展もあり、その傾向が一層激しくなっている印象です。

　ですから、「これまで上がってきたから、ここからはもう上がりません」などと未来予想を自分たちに有利に描くことには、疑問を感じざるを得ないのです。こうした論旨に対しては、なぜイギリスのコインを目の敵にする勢力があるのか、そこに目をつけて読み解いていただければと思います。

伸びしろがあるイギリスコイン

　これまでで日英米の3か国で、最高値をつけたコインを比較すると、アメリカコインが約10億、イギリスコインが約1億円、そして日本のコインは約2000万円です。アメリカに比べてデザインも優れていて、しかも歴史も古いイギリスコインの価格がアメリカコインの10分の1なのですから、むしろイギリスのコインには伸びしろがあると言えるでしょう。

　では、日本のコインには伸びしろはあるのしょうか？　残念ながら、そうとも言い切れないようです。もちろん中にも優れたデザインのものが存在しますが、日本のコインで高い値をつけているのは、大型の小判です。

　小判は、日本人からすると時代劇などでもおなじみのデザインですが、海外のコレクターからすると、彫刻もなければ形も楕円形ということで、食指が動きにくいタイプであることは否めないかと思います。

　しかも世界における日本の立ち位置は、はっきり言って微妙です。日本でイギリス王室のニュースをネットで目にしない日はありまん。イギリスで日本が話題となることは、ほとんどないという印象です。

　価格、デザイン、希少性に加えて、発行国の知名度や世界での影響力そういった物もコインの優位性において、見逃せないポイントなのです。

6 デザイン相違点一覧表

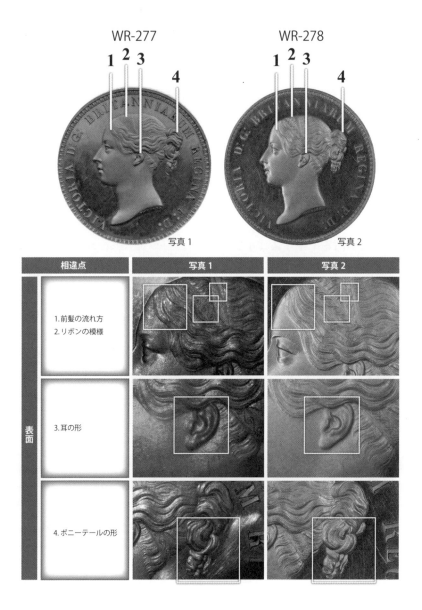

WR-277

1 2 3 4

写真1

WR-278

1 2 3 4

写真2

	相違点	写真1	写真2
表面	1.前髪の流れ方 2.リボンの模様		
	3.耳の形		
	4.ポニーテールの形		

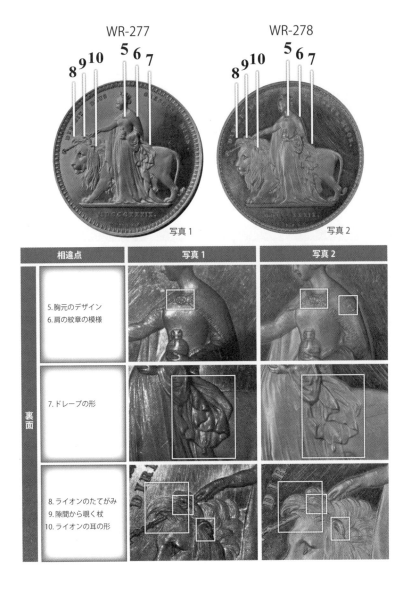

WR-277   WR-278

8 9 10   5 6 7   8 9 10   5 6 7

写真1   写真2

	相違点	写真1	写真2
裏面	5. 胸元のデザイン 6. 肩の紋章の模様		
	7. ドレープの形		
	8. ライオンのたてがみ 9. 隙間から覗く杖 10. ライオンの耳の形		

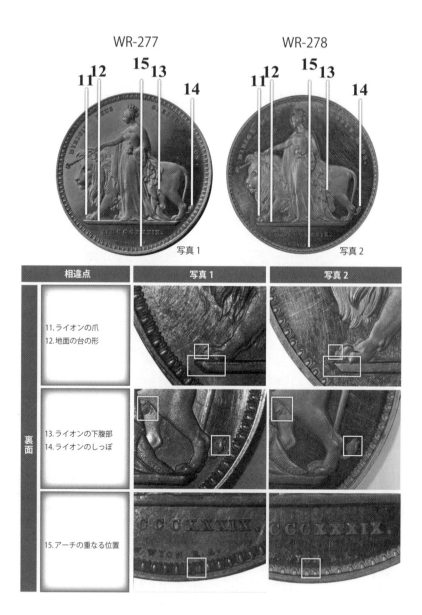

WR-277   WR-278

11 12   15 13   11 12   15 13

14   14

写真1   写真2

	相違点	写真1	写真2
裏面	11. ライオンの爪 12. 地面の台の形		
	13. ライオンの下腹部 14. ライオンのしっぽ		
	15. アーチの重なる位置		

第3章　モダンコインという選択肢

　これまでイギリスのアンティークコインについて種々お伝えしてまいりました。イギリスコインの美しさは、どれだけ字数を重ねても語り尽くせないほどですが、その美しいコインの伝統と造形美の遺伝子を受け継ぐモダンコインについても触れておきたいと思います。それがイギリスのロイヤルミントで発行されているエリザベス2世のモダンコインです。

　実はここ数年、モダンコイン市場がたいへん活況を帯びており、投資先として見逃せない状況になりつつあります。最新の情報や市場動向なども含めて、ご案内してまいります。

1 選択理由①注目が集まるモダンコイン

エリザベス2世コインをモダンコインと呼ぶ

　第二次世界大戦以降に発行されたエリザベス2世治世下のコインは、モダンコインと呼ばれており、その人気が高まっておりました。

　かつてのアンティークコインは、王室から来賓や貴族への記念品として贈られる位置づけの物でしたが、近年では一般のコイン収集家に向けての発行へとシフトされてきました。そのためエリザベス2世治世下のコインは、毎年のように発行され、種類も大変豊富でした。

1937年 ジョージ6世 5ポンド金貨

1980年 エリザベス2世 5ポンド金貨

以前 ◀━━━━━━━━〈第二次世界大戦〉━━━━━━━▶ 以後

　しかし、そこはコレクター心理をうまくついていると申すべきなのでしょうか、発行枚数はコインごとに細かく定められており、多くても数千枚、少ない場合はわずか数十枚しか発行されないこともあります。日本の記念硬貨は、数百万枚や多いときには1000万枚も発行されていますが、これでは希少性が高くなることは望めません。ロイヤルミントは希少性が価値を高めることを考慮しているのだと思います。

　そのためか最近ではモダンコインに投資する方が増えています。そのブームの先駆けとなったのが、1999年に発行されたあのイギリスのバラと称されたダイアナ妃の姿を刻んだコインです。ダイアナ妃追悼のために発行された5ポンド金貨は、7500枚もの異例の多さでした。しかし、彼女の人気のためにすぐに売り切れました。

1999 ダイアナ妃追悼 5ポンド金貨

このコイン、当初は日本でも大変な人気でした。ところが、その後の金ブームによって、かなりの数が溶解させられてしまったと言われています。その結果、かえって希少性が高まったこともあり、今では、このコインは鑑定によっては、1枚数百万円の価値がついてるほどの人気となっています。

　イギリスコインが枚数を限定して発行しているのに対して、アメリカはコインを数多くつくる方法を取っています。アメリカはコレクターも多いので、数多く発行してもさばききれるのですが、やはり売るときのことを考えると、希少性が高いコインのほうがプレミアが付きやすいものです。そういう意味でもイギリスコインのほうがおすすめです。

　お客様の中には、幾多の人の手を介したアンティークコインよりも、まだ人の手にほとんど触れられていないモダンコインのほうを好まれる方もいらっしゃいます。また、金の純粋な輝きを堪能できるのも、モダンコインならではの魅力と言えるでしょう。

モダンコインをおすすめする理由

　モダンコインをおすすめする理由は、他にもあります。なんといってもアンティークコインに比べて、入手しやすいことと、リーズナブルな価格という点も魅力です。

　たしかに値上がりという観点から見ると、アンティークコインとの比較では、ゆっくりと値上がりしていきますが、それでもダイアナ妃のコインのように急騰する物も少なからずあります。何より、数十万円という価格から購入できるのは、モダンコインにおける最大の魅力です。サラリーマンのへそくりでも買えるのですから、一から投資を始める方にはおすすめです。

　とはいえ、ここ最近のコイン投資ブームにより、モダンコインも発行されてすぐに価格が数十万から百万円越えと、高騰してしまうケースも増えてきました。もちろん、今後も投資対象としてのモダンコインの市場は伸びてくると確信しております。

　結論として、モダンコインは、もはや1つの市場を確立したと言えるでしょう。今や大国ばかりでなく、新興国や南の島国など多くの国が記念硬

貨を発行しています。モダンコイン市場がなくなる可能性があるとしたら、国が通貨や記念硬貨を発行しなくなったときくらいかもしれません。モダンコイン市場ができ上がっている以上、今後なくなるといったことは考えられません。

それは、今一番新しい通貨である暗号資産（仮想通貨）を見れば参考になるかもしれません。世の中に登場した当初、暗号資産は一部の人たちに熱狂的に迎えられた以外は、まるで空気のように見向きもされませんでした。それがどうでしょう。瞬く間に投資目的のお金が流入し、一大市場となったのです。様々な問題もあり、一時、人心が離れましたが、また上昇傾向にあります。

ただし、どの国のモダンコインでも大丈夫というわけではありません。モダンコインをリードしているのは、イギリスです。1000年以上の歴史を持つ、王立造幣局をそのまま受け継いだロイヤルミントが、今のモダンコインの価値を高めているのです。

コインパレスでは、数多くのモダンコインを取りそろえております。様々なコインのデザインや、黄金色の輝きの美しさを、ぜひその目でお確かめいただければと思っております。

2　選択理由②モダンコインとは

モダンコインの種類

イギリスのモダンコインについて語る前に、モダンコインにもいくつか種類があることからご説明いたしましょう。元々は貨幣の歴史の中で1つの通貨として誕生してきた金貨ですが、金の資産としての価値が高まったことにより、近年、金貨といえば、記念金貨に代表される収集型金貨と、投資用に発行されている地金型金貨というものが主流となっています。アンティークコインも収集型金貨に含まれます。

カナダのメープルリーフというコインをご存知でしょうか？　これは、カナダ王室造幣局が発行している地金型金貨で、投資用金貨としては世界一の流通量を誇ると言われています。収集型コインとこうした地金型コイ

ンの違いは、そのプレミアの付き方にあります。地金型コインは、金地金と同じようにその日の金価格によって、価格が変動します。金は人気が高い実物資産であるとは言うものの、その価格の上下はやはり世界情勢や経済動向に大きく左右されてきます。

　一方、収集型コインは、記念コインとして限られた枚数のみ発行されます。地金型コインをリードするのがカナダのメープルリーフコインなら、収集型コインの人気の基礎をつくったのは、1989年から毎年発行されていたエリザベス2世のイギリスコインの数々です。エリザベス2世の人気と、その優れたデザインから収集型コインの人気に火が点いて、今やとてもホットな投資先となっているのです。

メイプルリーフ金貨　1オンス

　記念コインは、基本的に発行された日から、枚数が増えることはありませんから人気の高い分だけプレミア価格がついてきます。もちろんコインの人気の有無によって、プレミアのつき方も様々ではありますが、たとえば1999年に発行された『イギリスのダイアナ妃追悼記念5ポンドプルーフ金貨』のように、人気が高いコインともなれば、1年で2倍、3倍もの値上がりを見せることもあります。このコインの人気というプレミアこそが、収集型コインの醍醐味と言えるでしょう。

　値上がりしそうなコインを購入して、それが予想通り、あるいは予想以上に値上がりしたときの喜びは他の何物にも変えがたいと言えるのではないでしょうか。

モダンコインのポイント

　モダンコインを選ぶ際のポイントは2つです。

　1つは、値上がりしそうなデザインの優れた物を選ぶこと。もう1つは、鑑定ランクのいい物を選ぶということです。

　このうち鑑定ランク上位のコインについては、PCGS社とNGC社の鑑定

を経たものであれば、きちんと数値化されていますから、さほど迷う必要はありません。最高ランクである70鑑定に近い物を選べば安心です。

　モダンコインの場合は、値段が安いからと言って鑑定ランクの低い物を選んでしまうと、アンティークコイン以上に、価格に開きが出てしまいます。それというのも、アンティークコインと異なり、モダンコインは収集を目的としてつくられているため、高い鑑定の品が手に入りやすいからです。ぜひ鑑定ランクのいい物を選んでいただきたいと思います。

　ところで、「新品のコインを買えば最高ランクの鑑定がつくはず」だと思っていらっしゃるお客様は少なくありません。しかし、実は新品で売り出されたコインでも、最高ランクの70鑑定がつかないことがあるのです。それどころか、実は新品でも70や69といった高い鑑定がつくコインは、全体のうち、なんと2割ほどしかないのです。

　その理由としては、コインというものは、完全に密閉されたクリーンルームのような場所ではつくられていないからです。薬や食品などは、わずかなホコリや菌も通さないような清潔な空間でつくられておりますが、コインは違います。工業製品的な位置づけでつくられているために、新品であっても目には見えないレベルの傷がついていたりするのです。

　鑑定機関はそうした傷も見逃すことなくチェックしますから、新品であっても最高ランクの70鑑定がつくことが少ないのです。ですから、新品だからといって、鑑定なしのコインを買ってしまうと、後悔することになるかもしれません。気をつけていただきたいポイントです。

　さて、もう1つの値上がりしそうなデザインの優れた物については、一般のお客様にはなかなか見分けるポイントがわかりにくいかもしれません。そこで、これまで値上がりしたコインの傾向をお伝えしようと思います。

　エリザベス2世のコインの中で、人

気が高いのは、ヤングエリザベスと呼ばれる、エリザベス2世の若かりし頃の肖像を描いたコインです。これに次ぐ人気なのが、先ほども紹介したダイアナ妃のコイン。

　ちなみにアンティークコインでも、もっとも美しいと人気のコインは、「ウナ＆ライオン」。やはりうら若き乙女がモチーフとなっています。つまり、若い女性が描かれたコインというのは、人気が高いのです。少し考えてみたら、これは当然のことかもしれません。というのも、世のコインコレクターのほとんどが男性です。となれば、若い女性のコインが人気となるのも、当然の理と言えるのかもしれません。

　とはいえ、最近の傾向として、女性コレクターの方が増えていることは特筆すべき事柄かもしれません。2冊の本を出版してからというもの、おかげさまで当店に新規で会員登録してくださるお客様が増えました。その中でも、女性投資家の方の割合が多くなってきていることを驚きと喜びを持って受け止めております。コイン収集が男性だけの趣味だった時代は終わろうとしているのかもしれません。

エリザベス2世

　特に女性のお客様は、アンティークコインよりモダンコインを好まれる方が多いという印象です。ゴールドのジュエリーなど、美しい金の輝きを身にまとう女性は、誰の手にも触れていないモダンコインのまっさらな美しさを好まれるのかもしれません。

ダイアナ妃

　デザインの話題に戻りましょう。神話をモチーフとしたコインや、王冠が描かれたコインなども人気です。こうしたモチーフが、イギリス王家ならではのノーブルさを感じさせるからでしょうか。

　ここ数年に限ってみますと、ウィリアム皇太子ご夫妻のジョージ王子やシャーロット王女の生誕記念や洗礼記念のコインも人気があります。コインとしては、文字を中心としたシンプルなデザインなのですが、これはご本人たちの人気によるも

ヴィクトリア女王

のではないかと推察しております。誕生時はもちろん、幼稚園や小学校の入学など、機会あるごとにお子様たちの姿がテレビなどのメディアで取り上げられており、そうしたことがコインの人気にも影響しているとみて間違いありません。

　しかし人気のあるコインというのは、入手が困難な場合も少なくありません。またイギリスの記念コインは、どんどん種類が増えておりますから、自分なりの1枚を探したいというご希望があれば、ぜひコイン専門店にご相談いただければと思います。運がよければ、最近発行されたばかりの目玉コインをおすすめしてもらえるかもしれません。右肩上がりに値上がりしていくモダンコインですから、発行された直後が一番値段が安いのは言うまでもありません。

3　選択理由③モダンコインの最新動向

5ポンド金貨の人気が高い

　投資目的でモダンコインを選ぶ場合に、参考にしていただけるよう、最新の動向を記しておきたいと思います。

　まず、モダンコインでおすすめしたいのが、5ポンド金貨です。日本では特にこの5ポンド金貨の人気が高いのです。見た目も大きく迫力がありますし、手のひらに乗せたときの重量も約40グラムと、ずっしりとした存在感を感じさせてくれます。表面はエリザベス2世が描かれており、裏面のデザインはシリーズ又は発行年によって変わります。

　これらのコインも十数年前なら、20万円台というリーズナブルな価格で購入することが可能でした。しかし、最近ではモダンコインの人気から、売り出すと、すぐにプレミアがついてしまいがちです。「できるだけ安く買って、高く売る」という鉄則を確保するためにも、日頃からコインの販売についての情報をチェックしておかれるとよいでしょう。

　さらに最近、注目度が高いのが5オンス金貨です。重量はなんと約150グラムと、特大サイズのコインです。弊社のショールームでも展示しておりますと、やはりその大きさからか、お客様が目を止め、興味をお持ちになります。

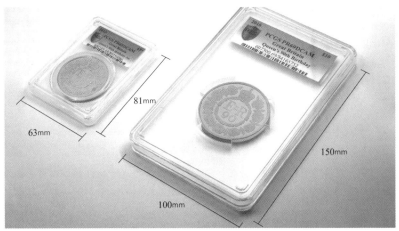

あくまで個人的な感想ではありますが、日本人は予算さえ許せば、小型車よりも大きな車を選ぶ傾向が強いように思います。それと同じで、コインも小さい物よりは、大きな物を好まれる方が多いのかもしれません。

　5オンス金貨は、大きい分だけ当然のことながら価格もお高くはなります。しかし、中には発行枚数が少ない物もあり、投資目的のコインとして注目しておいて損はないと思われます。

日本ではソブリン＜5ポンド＜5オンスと大きい物が好まれる

　日本においては、イギリスコインの大きさと人気の関係は、ソブリン＜5ポンド＜5オンスと、大きい物のほうが好まれるという図式となっております。このように日本では大型のコインのほうが人気が高い一方、地元イギリスではどうかと申しますと、実はイギリスでは小さくて価値の高いコインが好まれる傾向があります。同じ島国でありながら、その国民性によって、好まれるコインが異なるのは、とても興味深いことです。

　なかなか自分でコインの情報までチェックしている時間がないという方は、コインショップなどにあらかじめ声をかけておけば、コインの販売状況を知らせてくれるでしょうし、このコインが欲しいとリクエストを出しておけば、あなたに代わってコインを手に入れてくれます。

https://www.coinpalace.jp/

　コインパレスでは、人気が出そうなコインについては、販売前にご予約を承れる場合もありますので、こまめにホームページをご覧いただくか、お問い合わせくだされば、手に入る可能性が高くなります。また、メルマガでも最新のコインについての情報を発信しておりますので、興味のある方は、ぜひご登録ください。

　さて、イギリス王室の歴史をひもとけば、王と女王が存在しますが、コインで言うと女王のコインの人気が高い傾向があります。ヴィクトリア女王しかり、アン女王しかり。エリザベス2世治世下のコインも、世界中か

ら親しまれていた女王のお人柄もあって、広く支持されています。

　昨年になりますが、2022年9月エリザベス2世が崩御されました。チャールズ3世がイギリス新国王として戴冠式を経て正式な王となり、ウィリアム皇太子が次の王位につくことになります。人々から敬愛されていたエリザベス2世には1日でも長く王座についていていただきたかったのですが、イギリス最高在位の記録にピリオドを打ったため、この先は2代にわたって王が続きます。

　このことも、モダンコインの動向の一情報として、皆様の記憶の片隅にでも留めておいていただきたいと思います。

4　選択理由④流行に敏感な女性投資家も注目

金そのものの美しさを求める

　これまでアンティークコインを中心としたコイン投資家といえば、約95％が男性のお客様でした。しかし、最近では、コイン投資を始められる女性のお客様が増えてきているという実感があります。

　特に2〜3年前、モダンコインの投資市場が大きく拡大した頃、テレビや雑誌などで、コイン投資に関する情報が広く流布されました。テレビで、コイン投資を行う女性投資家の様子が放送されるなど、ホットな話題として取り上げられることが増えてきました。やはり女性というのは、流行には敏感なようです。こうした話題が盛り上がった結果、女性のコイン投資家が確実に増えました。

　ここからは私の実感なのですが、女性投資家とモダンコインは相性がよいようです。アクセサリーなど、金属の輝きを好む女性にとっては、磨くと価値が下がってしまうアンティークコインよりも、金そのものの美しさを楽しむことができるモダンコインを好まれるケースが大半です。

数十万円から始められる

　また、投資金額という面から見ても、数百万、数千万という資金が必要なアンティークコインよりも、まずは気軽に数十万円から始められるモダ

ンコインで試してみたいとお考えになる女性投資家の方が多いように思われます。

　さらに言うなら、イギリス王室の話題を支えているのは、世界中の多くの女性たちと言い切ってもよいと思います。キャサリン皇太子妃の髪型やドレス、お子様たちの成長など、女性誌で多く取り上げられるのは、ウィリアム皇太子やヘンリー王子、ましてやチャールズ３世よりも圧倒的に女性たちの憧れを体現しているお妃様たちの方です。

　世の女性たちにとって、イギリス王室というのは、まさに憧れのロールモデルとでも言うべき存在。そうした、憧れの対象を投資先にというのは、ごく自然な流れであると言えるのかもしれません。

5　選択理由⑤今後のモダンコインの予測

中国の人たちの存在

　今は、大変活況を呈しているモダンコインですが、物事には何でも流行というものがあります。ワインブームしかり、スーパーカーブームしかり。ですから、今後のモダンコイン市場がこのまま、順調に伸びていくのか、それとも流行が落ち着いていくのか、はたまた市場が縮小されていくのか、そこは予測不可能な部分が多々あります。

　しかし、私はイギリスのモダンコインはまだまだ伸びる余地があると考えています。それは、お隣の国、中国の存在です。

　皆様ご存知のように、少し前の中国人といえば日本の技術を真似たり、ブランドやデザインをそっくりそのままコピーしたりしていました。日本の生活スタイルも随所に取り入れており、こと流行に関しては、おおよそ10〜20年遅れで日本で流行った物が中国でも流行するといったイメージです。戦後、日本がアメリカの生活スタイルを真似たように、中国は日本の背中を追って発展を遂げてきたのです。

　今、中国の人々の間で何が流行っているかといえば、スキーです。かつて日本でもスキーブームがありました。約20年ほど前でしょうか、スキーブームが到来し、各地のゲレンデは黒山の人だかりでした。

しかし、今はどうでしょう？ スキーをする日本人が減った代わりに中国からの旅行客が大勢ゲレンデに押しかけているニュースをつい最近見たばかりです。つまり、中国のトレンドは、日本とは約20年差があると考えられます。

中国では、ここ数年来、好景気を支えに物を買う消費ブームが続いていました。日本も爆買いなどと呼ばれたその恩恵に預かったことは記憶に新しいところです。消費ブームがやや落ち着いたとも噂される今、中国の方々も「物消費」から「こと消費」、つまり旅行やスキーといった体験にお金を払うようになってきたところなのでしょうか。

さて、その次は何でしょう？ これも日本の辿ってきた消費の歴史が参考になるかと思います。長引くデフレもあって、消費することに冷めた日本人は、お金の大切さを思い出しました。ですから、最近は消費よりも貯蓄や投資といったお金を守る方向にシフトしています。

コイン投資もその流れの中で、日本国内の市場を大きく伸ばしてきました。おそらくですが、次に中国の人々は、投資を考えてくると思います。

モダンコインは今が手に入れどき

そんな中、コインはどうでしょうか？ 今は、中国国内では、パンダ金貨を始めとする自国のコインが人気です。これも日本で数十年前に、古銭ブームがあったのとそっくりですね。今、日本ではイギリスのコインが大人気です。世界のイギリスコインブームはある種日本が牽引しているといっても過言ではありません。

ですから、何年か後には、中国の人々も海外のコインに目が向くと思います。しかも、中国の人々はもともと金（ゴールド）を好みます。デザインが美しく、しかも価値ある金貨、となると、中国人投資家がイギリスのコインに手を出してくるのも、時間の問題と言えるでしょう。

もしも、多数の中国人がイギリスコインに投資を始めると、圧倒的にコイン投資家の人数が増えますから、コインの価格が跳ね上がることは、容易に想像できます。今はまだリーズナブルに買えるイギリスのモダンコイン、手に入れるなら今のうちだと私は考えています。

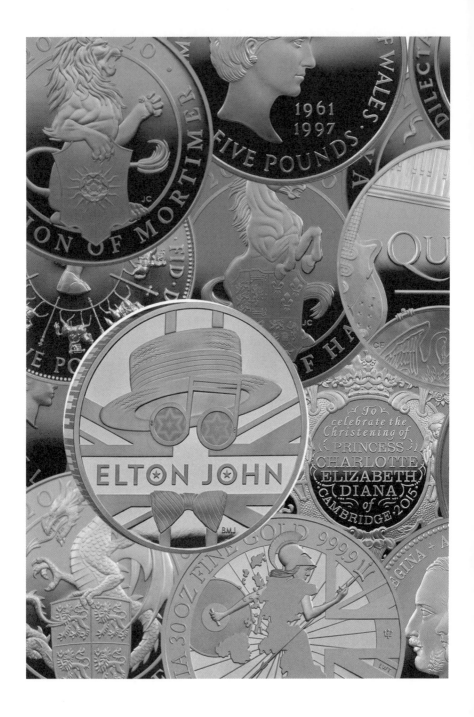

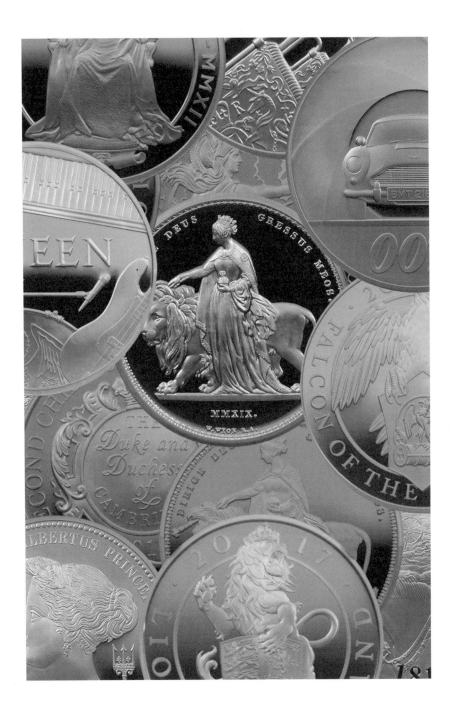

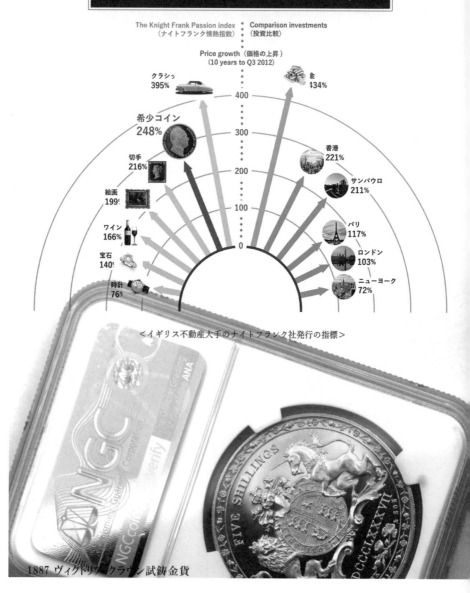

欧米の富裕層は資産の30%を現物で保有していますが、
アンティークコインはその一つになっています。

The Knight Frank Passion index
（ナイトフランク情熱指数）

Comparison investments
（投資比較）

Price growth（価格の上昇）
(10 years to Q3 2012)

クラシッ
395%

金
434%

希少コイン
248%

400

切手
216%

300

絵画
199

200

香港
221%

サンパウロ
211%

ワイン
166%

100

宝石
140

0

パリ
117%

時計
76%

ロンドン
103%

ニューヨーク
72%

＜イギリス不動産大手のナイトフランク社発行の指標＞

1887 ヴィクトリアクラウン試鋳金貨

第4章　コイン投資のプロセス

　この章では、実際にコイン投資を行う手順をご説明してまいります。コインを安く買って、値段が上がったら売るだけですから、さほど難しいことはありませんが、やり方を間違ってしまうと取り返しが付かない場合もあります。ぜひご一読いただければと思います。

1 プロセスその(1)：予算

①予算を決める

　株でも投資信託でも、投資を行う場合、誰もがまず投資につぎ込む予算を考えると思います。コイン投資も同じです。まず、コイン投資にどのくらいの予算を組むのか、そこが第1のステップです。

　ただし、株などと異なるのは、アンティークコインというのは、じっくり時間をかけて値上がりしていくことが少なくないため、5～10年は持っておくという前提で購入していただくのがよろしいかと思います。ですから、生活費の一部を削って、などの投資は絶対に行わないでください。

　また、これはアンティークコインに限ったことではありませんが、投資を行う場合は分散投資がおすすめです。預金に〇パーセント、株に〇パーセント、FXに〇パーセント、そして、コイン投資に〇パーセントというようなイメージで、ご自身のポートフォリオを作成してから、始めていただくと、より安心して投資に取り組めることでしょう。

　アンティークコインは、その美術品的な価値の高さから集めていくほどに、次々と良品が欲しくなってしまう傾向にあります。最初は安価なコインから始めて、そのコインを売却して増えた予算で、次のワンランク上のコインを求めていくという方法もあります。その方法で、ずっと欲しかった憧れのコインを手にしたお客様も実際におられます。その際、私は、あくまで予算の範囲内での購入をおすすめしております。

　アンティークコインの価格もピンからキリまでありますが、もしも気軽に始めたいという場合なら、エリザベス2世のモダンコインから始めて、予算を増やしていくという方法もあります。この場合ですと、数十万円台からでも始めることができます。

　今の時代、銀行などに預金をしていてもほとんど金利はつきません。であれば、同じ期間、銀行に預けておくよりは、コインとして保有し、値上がりしたところで売って、リターンを得るという方法がおすすめです。

②売り時の目安を考えておく

　コインを購入する際には、ぜひ売り時の目安も考えておいていただければと思います。たとえば株式の場合、手持ちの株の価格が買ったときの20％値上がりしたら売ると決めておくという利益確定法を実践している方もいらっしゃるかと思います。逆に損切りの場合は、買った時の価格より７％下落したら売りに出すというパターンもあるでしょう。

　コインの場合は、利益確定の割合がもう少し高く、これまでのお客様のデータから価格が1.5倍〜２倍に上がったときが売り時だとお考えになっていらっしゃるようです。コインの場合は、株価のように短期間での値動きはありませんから、長い期間持っていただくことが前提とはなりますが、150％〜200％の値上がりということになります。

　つまりコインの場合は、株のように細かく値動きを気にする必要はなく、ずっと持っていていただいて、値上がりしたタイミングで売りに出すだけでコインの資産を1.5倍から２倍に増やすことができるとも言えるのです。

　ただし、これまではアンティークコイン市場は活況で、25年間一度も値下がりすることなく上がり続けてきましたが、これからも同じような値動きをするとは限りません。またコインによっては、調整局面が入る可能性もありますから、万が一値下がりしたときに、どれくらいになったら売ればいいかを考えておいていただく必要もあります。

　コインの場合は時間を置くほどに希少性が高まってきますから、いったん値段が下がったとしても、また上がる可能性が高くなっております。こうした目安を考えておくことで、急激に値上がりしたときや、値下がりしてしまったときにも落ち着いて対処ができるのではないかと思います。

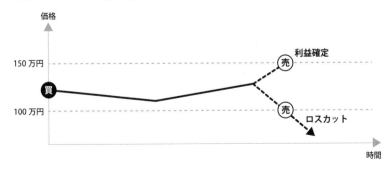

③コインの出口戦略を考える

　出口戦略とは、もともとベトナム戦争時にアメリカ国防省が用いた言葉で、戦況が不利な状態から、いかに損害を抑えつつ撤退するかという方策を示すものでした。

　それが転じて経済用語としても使われるようになり、企業の経営が不振に陥ったときに、経済的な損失を最小限に抑えるとか、あるいは、最近では、投資のために使ったお金を最大限、回収するといった意味でも用いられています。

　ここで言う出口戦略とは、もちろんコインに投資したお金をコイン売却時に、最大限、回収するという意味です。

　コイン投資をされているお客様にアンケートを取ると、「買ったコインの価格がどれくらい値上がりすれば売りたいですか?」という問いに対して、最も多かったのが、「1.5倍から2倍」　という答えでした。

　投資の利ざやという観点からすると、なかなかの高リターンです。しかし、アンティークコインの場合は、条件さえ整えば、このリターンを得ることは決して不可能ではありません。

　では、コインに投資したお金をよりよい状態で回収するにはどうすればよいのでしょうか?

　答えは、案外シンプルで、長く保有することなのです。コインに限らず時計や家具などアンティーク品は、時間が経つほどに希少性が高まり、プレミアがつきやすくなります。同様に、アンティークコインは、長く持ち続けるほど、リターンが大きくなる性質を持っています。半年や1年で売却するのではなく、10年、20年と長く保有していただいたほうが、結果として利ざやが大きくなります。

　しかし、長く持ち続けることで市場価格から大きくかけ離れて、下落する可能性はないのかと心配する方もおられるかもしれませんが、アンティークコインについては、これまでの実績から見ても、とても安全性の高い資産です。ほとんど値下がりすることはありませんが、その分、値上がりもゆっくりです。FXや暗号資産のように、値段の上がり下がりが激しく、それゆえに買ってすぐ利益がポンと出るたぐいの投資とは、性質が

異なります。

　ですから、株やFX、債券といったペーパーアセットと組み合わせ、安全性の高い実物資産として保有していただくのに最適なのです。いわば、アンティークコインは、ハイリスクハイリターンのペーパーアセットを補完する資産という位置づけです。

　さらに言うなら、コイン投資が盛んな欧州では、希少なコインは自分の世代で換金するのではなく、親から子へと代々受け継いでいく資産としての位置づけが一般的です。もしも自分の世代で生活資金に余裕があるなら、急いで換金する必要はありません。ぜひお子様、お孫様へとコインを受け渡していただければ、おそらく子孫のほうが驚くような実入りが期待できるはずです。

　なお、ご子息への譲渡を視野にアンティークコインのご購入を検討されている場合は、購入するコインのおすすめの組み合わせなどがございます。この点に関しましては企業秘密となりますので、店頭で個別にご説明させていただければと思います。

　コインを長期保有することの利点は、他にもあります。人生100年と言われる時代です。長く生きているうちには、万が一のことが起こり、思いがけないまとまった支出が必要になる場面もあるかもしれません。そうなった場合には、長期保有していたコインを売却することで、突然の支出に備えることが可能なのです。

　ただし、アンティークコインの場合は、これまでは、売却時に現金化するのに時間がかかりすぎるというデメリットがありました。オークションなどで売却するにも数か月間もの時間がかかっていたのです。

　そうしたお客様にとっての不利を改めるべく、弊社では手軽にコインの売買ができるようにするコインのフリマアプリ「コインプラザ」を開発しました。

　日本では戦後、蚤の市のようなフリーマーケットからスタートしました。しかし、インターネットが普及した今の時代では、ヤフオクやメルカリといったネットオークションが主流です。コインの売買もこうした時代の波に沿うべきだと考えて、稼働を計画したアプリです。内容は、フリーマー

ケットとオークションが合体したような、お客様に売買の楽しみを満喫していただけるスタイルとなっています。

　このアプリが稼働すれば、お客様ご自身が直接、気軽にコインの売買を行っていただけます。しかも手数料は市場のオークションと違い、リーズナブル。コインの出口戦略にまた1つ、新たな道が拓けます。ぜひご期待ください。

2　プロセスその(2)：コイン選び

①コインの値上がり傾向について

　さて次はいよいよコイン選びですが、まずコインを選ぶ前に、コインの値上がり傾向について、ご説明しておきましょう。

　突然ですが、ここで問題です。

発行数100枚で、単価が10万円のコイン

発行数10枚で、単価が100万円のコイン

　この2種類のコインがあり、どちらもコレクターに人気があると仮定します。さて、どちらのコインを買えば、より短期間での値上がりが期待できるでしょうか？

　これまで繰り返しご説明してきた、コインの希少性ということに気づいて下さった方にとってはたやすい問題だったかもしれませんね。

　そうです、答えは発行数10枚、100万円のコインです。もちろんコインの種類にもよりますが、多くの場合、発行枚数が少なく価格の高いコインのほうが値上がり率が高くなる傾向にあります。一見、価格の安い10万円のコインのほうが早く売れそうに思われますが、ポイントとなるのは発行数なのです。

　私どもがコインを購入されたお客様にアンケートをとったところ、多くのお客様が次にコインを売る場合、「買った値段の1.5倍〜2倍の値段」で、売りに出すことを希望されていました。

　ですから単価10万円のコインは次に売り出されるときは、20万円という価格が設定されることになります。一方、単価100万円のコインは次

に売り出される時は単価が 200 万円という価格となります。

　こうした値動きを繰り返しながら、コインの価格は上昇していくわけですが、発行枚数が多いコインのほうは市場からすべて売れてしまうまでに時間を要します。100 枚コインがあるということは、新たな買い手を 100 人見つけなければならないということでもあるからです。一方、10 枚のコインのほうは、その 10 分の 1 の人数の買手が見つかれば、市場からコインがすべて消えていきます。

　さて、次にコインが市場に現れるとき、発行数 100 枚のコインの価格は、40 万円ですが、10 枚のコインのほうは、すでに価格が 400 万円にまで跳ね上がっています。しかも、売り切れるサイクルは、10 枚のコインのほうが圧倒的に早いと言えます。この繰り返しによって、枚数が多く安価なコインよりも、希少性が高く、価格も高いコインのほうが値上がりが大きくなっていくのです。

　この問題では、わかりやすいように単純化して文章にいたしましたが、実際、コインを販売しておりますと、希少で価格の高いコインほど、早く値上がりしていく傾向にあることは間違いありません。

②コインを選ぶ

　さて、大まかな予算が決まったら、いよいよコイン選びです。

　私のおすすめは、イギリスコインですが、ぜひ色々なコインをご覧になって、「これだ」と思える 1 枚を選んでいただきたいと思います。コインに限らず、なんでもそうですが、それに費やす時間に比例して「目が肥えてくる」ことがあるからです。

　どうして私が、あらかじめ購入したいコインの目星をつけておくことをおすすめしているかというと、お店とのコミュニケーションを効率よく行うためです。たとえばあなたが大きな金貨が欲しいと思って、訪ねたお店が銀貨中心の品揃えだったとしたら、全くの無駄足ということになりかねません。あらかじめカタログなどで、好みのコインを絞って、そうした商品を置いているお店を訪ねたほうが効率的なのは言うまでもありません。

　その際、「どの国のどういう素材のコインが欲しい」といったようにで

きるだけ具体的に店側に伝えたほうが、好みに合ったコインを出してもらえます。実は大きな金貨が欲しいと思っていたのに、お店側から銀貨を案内されても、お互いに時間の浪費ということになってしまいます。

　また、あらかじめこのようなコインを購入しようと目安を決めておけば、お店でいろいろなコインを紹介されたとしても、つい衝動買いしてしまう可能性を防ぐことができます。

　では、好みのコインをどのように探したらいいのでしょうか？　昔はコインの販売店やコインショーなどに出向かないと、コインを見ることはできませんでしたが、最近では本書のような書籍はもちろんのこと、ネットでも様々なコインの写真が掲載されています。また、本格的に取り組みたい方には、世界共通のコインのカタログといったものも発行されています。

　不思議なもので、数多くのコインを見ているうちに、その細部の違いや、デザイン、レリーフの巧さなどが、自然にわかるようになってきます。なぜか無性に心惹かれるコインというものがありますので、ご自身の運命のコインを探してみるという方法もありだと思います。

　また、コインへのこだわりは特になくて、とにかく値上がり重視で、という選び方ももちろんあります。そのような場合は、コイン販売店などにご相談いただくのが一番です。コインに詳しい専門スタッフがいるショップなら、コインに関する様々な知識を披露してくれることでしょう。そうした会話を楽しむことができるのも、コインショップならではの魅力と言えるかもしれません。

　コインと言えば、金貨というイメージがあるかと思います。そして、金貨と銀貨を比較すると、同じデザインであれば、やはり金貨のほうが価格が上です。しかし、中には、銀貨なのに金貨をはるかに超えるレコードプライスを叩き出している物もあります。アメリカで 2013 年のオークションで市場最高額の約 11 億円もの価格がついたフローイング・ヘア・ダラーと呼ばれる 1 枚です。

　ちなみに「ウナ＆ライオン」の金貨は、状態にもよりますが、最新のデータでは 4000 万円台〜 8000 万円台となっています。状態のよいものであ

れば、それ以上の金額となります。それに対して、銀貨は発行数がわずか
8枚とされており、やはり3200万円ものレコードプライスを出していま
す。

　さて、コインを購入される際にお客様からよくいただくのが「金貨と銀
貨、どちらを購入すればよいのでしょうか？」というご質問です。これに
対して私は、金貨と銀貨を併せ持っていただきたいとお答えしています。
その理由については、本書では明らかにすることができませんので、ぜひ
直接お目にかかってお伝えできればと思います。

3　プロセスその⑶：コインを購入する

　さて、いよいよコインを買う段階となりました。ここでは、どこでコイ
ンを購入するかということをまとめていきたいと思います。

①コインショップ

　コインを購入できると場所と言えば、筆頭はコインショップです。数年
来のコイン投資ブームが来る前は、国内のコインショップは数えるほどし
かなかったのですが、ここ5年ほどの間に、驚くほど増えました。コイン
ショップを選ぶ際の注意事項は、また後ほどまとめさせていただくことに
しますが、ショップによって、品揃えに特徴がありますので、いろいろ巡っ
てコイン探しをお楽しみいただいてもいいでしょう。

　コインショップでコインを買い求めることのメリットは、なんといって
も商品をご自身の目で確かめられることと、そして商品の説明をじっくり
聞けること。また、コインショップによっては、個別に予約制で商談を行

うところもありますから、資金面のことなどプライベートなことを相談しやすいのもメリットです。

　まれに、「コインショップへ入ってしまったら、何か買わないといけない雰囲気になりそうで二の足を踏んでしまう」とおっしゃるお客様がおみえになりますが、そんな心配はまったくございません。気に入ったコインがあればご購入いただき、なければコインだけを見ていただくだけでも大丈夫です。

　私どもコインパレスでは、どなたでもお気軽に足を運んでいただけるよう、プライバシーに配慮した会員制ショールームとして展開させていただいております。まずは、画廊で美術作品に触れるように、コインを見ることから始めたいとおっしゃるお客様も大歓迎です。

②インターネットショップ

　インターネットショップの魅力は、自らの好みにあった商品や珍しいコインなどを探すのが容易な点にあります。また、時間や場所を選ばず購入できるので、忙しい方や近くに実店舗がない方にとっては、この上なく便利です。

　また、インターネットショップの場合は、地代や人件費が少なくて済みますから、中にはリーズナブルにコインを提供している良心的なショップもあると思います。

　しかし、ネットの世界は玉石混淆。特に初めての方にとっては、コインは高い買い物ですから、利用に際し不安に思われることも少なくないかもしれません。うっかり偽物をつかまされてしまったり、写真と異なるコインが届いたりといった話も実際に耳にします。

　そういった被害を防ぐためにも、初めての皆様を対象として、安心して利用できるインターネットのコインショップの特徴をご紹介します。

●スタッフの顔が公開されているショップであること

　これは人物の写真を通じて、ある程度、経営者やスタッフの人柄が判断できるからです。その際、写真の人物の身だしなみや表情に注目してみてください。

●情報保護に力を入れているショップであること

　日々、顧客の個人情報の流出がニュースにな
るような世の中です。国内でも、その規模の大
小に関わらず、未だに情報の取り扱いについて
ずさんな企業が多く、おそまつな対応が目に余
ります。

　ネット上で、コインの売買を行う場合、住所氏名やクレジットカードの
番号のやりとりなど、とても重要な個人情報をやりとりすることになりま
すから、情報の取り扱いに不用意なショップを避けるべきです。その見分
け方の１つとして、ホームページが、SSL に対応しているかといった点に
も注目してみてください。なお、SSL とはネット上でのデータのやりとり
を暗号化して行う仕組みのことです。

●安心して買い物できる工夫をしているかどうか

　たとえば、インターネットショップでも表記が義務づけられている「特
定商取引法に基づく表記」というものがあります。これは事業者名や所在
地、連絡先といった基本的な情報から、送料や代金の支払時期、商品の引
渡時期など、取引に伴う大切な情報をきめ細かく表示しなければいけない
という決まりのこと。

　こうした情報を掲載しているほうがお客様にとっては安心して買い物が
できることは言うまでもありません。

　法律関係で言うと、アンティークコインを取り扱う場合は、古物商の許
可も必要となります。耳慣れない資格かもしれませんが、アンティークな
どの商品を扱う場合は、各都道府県の公安委員会から許可を受ける必要が
ありますので、こうした資格を有する表記がされているかどうか確認をし
たほうがよいでしょう。

●実店舗があればより安心

　インターネットショップだけのお店と、ネットショップに加えて実店舗
も持っているお店、どちらがより安心でしょうか？

　言うまでもなく、実店舗も併設しているお店のほうが安心です。ネット
ショップの場合は、ホームページを閉鎖して消えてしまう悪徳業者がいな

いとは言えませんが、実店舗の場合はそう簡単に逃げることはできません。

　経営する側に立ってみれば、実店舗は、地代や什器への投資など、経営に資金も手間もかかりますが、逆にいうとそれらは目に見える形での信頼醸成に役立っているとも言えるのです。

　最近では、ネットショップと実店舗を両立させるオムニチャネルスタイルのショップが増えてきているようですが、これも顧客の信頼に応えようとする企業側の傾向を表していると言えそうです。

③コインフェア（催事）

　東京や大阪といった大都市が中心とはなりますが、年に何度か数店のコインショップが一堂に会するコインフェアという催しがあります。広いフロアに各店舗のブースが並んでいるので、一度にたくさんの種類のコインが見られるというメリットがあります。お店ごとに品揃えに特色があるので、その違いを楽しむのも１つの手です。一度、住所を登録しておけば、次回の開催をハガキで案内してくれるので便利です。

　私見ですが、コインフェアは、日本の古銭が中心という品揃えのお店も少なくありません。そのため、どちらかというと投資目的での利用というよりは、コイン収集を趣味としている方々が繁く足を運ばれているという印象です。

　高価な小判など見栄えのする品も豊富なことから、初心者の方にとって

は、コイン選びで目移りしやすく投資目的での購入には、やや不向きだと言えるかもしれません。その他のデメリットとして、半年に一度の開催となるため欲しいと思ったときにコインが買えない難点もあります。

④オークション

オークションといえば、アート作品や宝飾品などがまず頭に思い浮かびます。ご存知ない方も多いかもしれませんが、実はアンティークコインのオークションも、世界各国で頻繁に行われています。日本国内でも首都圏では定期的に開催されています。

オークションの魅力はなんといっても、掘り出し物や珍しいコインが出品されること。また、会場に足を運べば、値段が上がるに連れ、ヒートアップしていくオークション独特の雰囲気を味わえるのも、その醍醐味と言えるかもしれません。

ただし、オークションは初心者の方にはハードルが高いと言わざるを得ません。まずは、コインに関する基本的な知識が必要となります。出品されるコインのおおよその価値や価格を把握しておかないと、雰囲気に飲まれてしまって、予算をオーバーしてしまったり、相場とかけ離れた高い金額で買ってしまうということにもなりかねません。

というのも、オークションにはプロのバイヤーも参加しており、欲しいコインを手にいれるために、資金に糸目をつけず価格をつり上げるケースもあるからです。許しがたいことですが、会場に"さくら"を潜入させ、不当に価格をつりあげる八百長が行われているのではという噂も聞いたことがあります。私自身も、あくまでただの噂であると信じたいのですが。

海外のオークションに参加するという手もありますが、こちらも少々ハードルが高め。ヒートアップするオークションの内容を理解できるだけの語学力が必要です。またネットで参加することも可能ではありますが、時差の関係もあり、夜中に眠い目をこすりながら、ネットを注視するといった状態になることもあります。

ここで簡単にコインに関する一般的なオークションの流れをご説明いたしましょう。まずオークションへの出品が決まると、オークション用のカ

タログにコインの写真や説明が記載されます。入札者に対してコインの魅力をアピールするためですから、主催者側も、ここはじっくりと時間をかけるところです。なお、オークションにおけるコインのスタート価格は、ディーラーが設定します。

そして、オークションが開催されます。自分の思う金額あるいは想定より高い金額で売買が成立すれば喜ばしいことなのですが、もちろん自分が予想していたよりも低い金額で落札されてしまうこともあります。

そのようなことを避けるために、最低落札価格というものを設定することもできます。これ以下の金額では売りませんという下限の値段を設定できるのですが、もしも落札されなかった場合は、オークション会社に数％の手数料を支払う必要があります。自分の懐だけが痛むという手痛いペナルティーが課されてしまうのです。

また、オークションでコインの売却を行う場合は、出品から落札、入金という手順を踏むために、数か月を要することも少なくありません。長い場合はなんと半年以上もかかることがあります。ですから、オークションは急にお金が必要になったからと言って、すぐに出品し、現品化することは、まず不可能であることを肝に命じておいていただきたいと思います。

さらにオークションのデメリットとして、ほとんどの場合の会場が東京となっている点が挙げられます。関東の方にとっては便利なのですが、地方にお住まいの方にとっては、オークションのたびに東京まで行く時間と予算の両方が余分にかかってしまいます。近頃ではネットの普及もあり、現地に行かずとも入札することが可能となってきてはいますが、それでも実際に現地で本物のコインを見てという方にとっては、少々悩ましい問題であることは確かです。

⑤オークションサイト

いくつかコインの購入先をご紹介してきましたが、もっとも注意が必要なのが、ヤフオクなどのネットオークションサイトです。初心者の方には、できるだけこちらでの購入は避けていただきたいと思います。特に個人で出品しているケースは、できるだけ手を出さないことをおすすめします。

その理由として、やはり真贋の見極めが難しい点が挙げられます。最近は、偽物づくりの手口も巧妙化しており、実物を見ないで写真だけで真贋を判定することは、プロであっても難しいと言われています。

　海外では、コインの偽造は当たり前で、さらにはPCGSやNGCのスラブまで偽造されているという報告もあります。特に、中国人の運営するサイトで被害に遭ったという方が多いので、お気を付けいただきたいと思います。

日本の偽古銭　　　　　　　　　　アメリカの偽コイン

　また、コインはグレードによって、価格が全く異なることをお伝えしましたが、こうしたオークションサイトの写真から傷の有無を判断することは難しいですし、グレードも信頼すべき数値かどうかは定かでありません。

　さらには売るときのことも考慮しなければなりません。持っていたコインをいざ売りに出そうと思っても、個人から購入したコインだと売るためのツテがありません。

　厳しい現実ですが、出所のわからない格安のコインの場合、まず引き取り手がないと思っていただいたほうがいいでしょう。

　ネットオークションの個人出品の場合、まれに家族の遺品を整理するために、コインが格安で販売されていることもあり、そのような物の中に掘り出し物がまじっている幸運もあるかもしれません。

　しかし、そのコインが本物かどうかをオークションサイトの写真だけで判断することは、やはり難しいでしょう。偽物が多く出回っているということを念頭に、あまりにも適正価格からかけ離れた値段の品には手を出さないほうが賢明です。

4　プロセスその(4)：コインの保管

注意すべきポイントは

　さて、コインを入手したら、ぜひその輝きを存分にお楽しみください。憧れのコインがついにあなたの元へとやってきたのです。お客様の中には、コインを眺めながら、癒しのひと時を味わうコインセラピーを楽しまれている方もいらっしゃいます。こうしたことは、紙の株券やデータだけのビットコインには味わえない実物資産だけの楽しみではないでしょうか。

　ただし、コインをスラブケースから出して手の平に乗せることは、お止めください。特に鑑定を受けてスラブケースに入れられたコインは、劣化しないように密閉されています。せっかく保管に適した最良の状態となっておりますので、開封なさらないようお願いします。スラブケース入りのコインは、直射日光や高温多湿を避けて保管していただければ、後は特に気を配る必要はありません。

　とはいえ、高価な品となりますので、防犯には注意が必要です。また、地震など災害の緊急時にはすぐに持ち出せるメリットがあるコインではありますが、火災はコインの溶解や破損につながります。こうしたリスクからコインを守るためには、自宅に耐火金庫をご用意いただいたり、あるいは貸金庫をご利用なさると安心かと思います。ただし貸金庫の場合は、レンタル料金が必要となります。また、銀行の貸金庫をご利用になる場合は、保有資産の情報が銀行に把握される可能性があることは、ご考慮いただいたほうがいいのかもしれません。

　さらに、ご自宅の金庫で保管される場合ですが、万が一、火災が発生すると、金庫は数時間の間、高熱にさらされる可能性がありますので、金庫を選ぶ際は、耐火性能にもご注意ください。

　貸金庫に保管して安心を得るか、それとも手元で保管して、いつでも好きなときに眺めるか、これはオーナー様のご判断にお任せいたします。

　また、近頃コインの保管に関するご相談を多く受けるのですが、コインパレスでは、金庫業者をご紹介させていただくことも可能です。

5　プロセスその(5)：売りに出す

コインの販売方法

　コインを保持して、ある程度の時間が経ち、ご自身で充分と思える価格まで上昇したら、コインを売りに出します。いよいよリターンを得るときです。どの投資でも同じことですが、安く買って高く売る、これが投資の鉄則です。そういう意味において、売るタイミングや販売価格はとても重要な出口戦略となります。

　コインの販売にはいくつか方法があります。

　まずは、個人でコインオークションに出品する場合。国内や海外のオークションで、お手持ちのコインを出品することになります。希少なコインはオークションの目玉になりますから、主催者側でも喜んで受入れてくれるはずです。

　オークションで売りに出すメリットとしては、多くの人が入札に参加する可能性があり、人気があるコインの場合は、予想以上の価格がつくケースがあります。ネット環境の発達により今や世界のどこからでも、入札に参加することが可能なのです。

　その反面、もちろんデメリットもあります。売りに出したコインに対して、入札する人が少なければ安価で落札されてしまいます。それを防ぐために、この値段以下なら入札されても売らないというリザーブ価格（最低落札価格）を設定することも可能ですが、仮に最低落札価格に届かず安価での買い取りを防げたとしても、オークション主催者に手数料を支払う必要があります。意外に出費がかかるのです。

　また、オークションは様々な外的要因に左右されることがあります。たとえば天候。最近では台風が強力かつ巨大化していて、夏の猛暑も冗談では済まされないレベルにまで来てると、おそらくどなたもお感じになっているのではないでしょうか。

　もしも仮にオークションの日に、悪天候や外出をためらうほどの猛暑日であった場合には、当然のことながら、オークションに参加する人の数も

減り、結果、入札が不調であったり、最悪の場合、落札されなかったりといったことがないとも限りません。

　これらの事情を鑑み、オークションに個人で出品するのは、少しハードルが高いと感じられるようでしたら、代理出品という方法もあります。私どもでは、お客様からコインをお預かりして、オークションへの出品代行をさせていただいております。オークションにかけると、市場よりもさらに値上がりをする場合があり、期待感が高まります。

　ただし、国内でのオークションは、開催日時や会場が限られており、急いで売りたいと思ってもなかなかその機会に恵まれない可能性もあります。

　また、コインを購入したお店が委託販売を受け入れてくれる場合もあります。私どもでも、このサービスに対応させていただいております。店頭にお預かりしたコインを展示させていただき、売買が成立した場合は、手数料をいただいて売上代金はお客様の元へ入るシステムとなっております。

　この他にネットオークションに出すという方法もありますが、買う側が真贋を気にしたり、厳密に言うと古物取り扱いの免許が必要となる場合もありますので、少々取り扱いが難しいかと思われます。

　以上のことを勘案すると、やはり購入時に販売するときのことまで相談できるようなコインショップを選ぶのが、最良の手段ではないかと思います。

コインプラザの利用

　コインパレスでは、本書が出る頃には、お客様が気軽にコインを売りに出せる場をご提供できる予定です。その名も「コインプラザ」という名称で、アンティークコインを気軽に売買できるサイトをスマホのアプリとして、展開してまいります。

　このサイトをつくろうと思ったきっかけは、お客様のオークションに対する不満をお聞きしたことでした。一般的なオークションでは、ディーラーがスタート価格を設定するため、お客様が売りたい金額でコインを購入す

ることが不可能なのです。もちろん売り値もオークションの結果次第なので、自分が思うような金額で売れないことも当然ございます。

　そうしたお客様の不満を解消させるのが、当社が展開する「コインプラザ」というアプリです。

　「コインプラザ」の特徴は次の3つです。

①真贋保証

②お客様が自由に設定した価格で売買できる

③お客様はコインを送付いただくだけ

　リアル店舗のコインパレスは、これまで真贋保証という点において、お客様の信頼を勝ち得てまいりました。もちろんオークションサイトにおいても、真贋保証は絶対条件です。どなた様にも安心してコインを売り買いしていただけるために、この点は何より優先されるべきであると考えております。ヤフオクやメルカリといったオークションサイトとの一番の違いも、本物しか扱わないという真贋保証に立脚するものです。

　また、これまでのオークションでは、自分のコインであるにも関わらず、自分で売値を設定することが不可能でした。最低落札価格を決めることはできますが、万が一、不落札の場合でも、ペナルティーとして手数料を払わなければならなかったのです。

　多くのお客様のこういった不満を解消すべく、コインプラザではお客様が自由にコインの価格を設定できるだけでなく、万が一値段が高すぎて売れないと思ったら、いつのタイミングでも価格を変更することが可能です。

　また従来は、オークション当日に売買が成立しなければ、数か月後の次のオークションに出すしか方法がありませんでしたが、コインプラザなら、売れるまでずっとコインを展示しておくことが可能なのです。365日、24時間、アプリを開けば、いつでもあなたのコインが展示されているのですから、それだけ多くの顧客の目に触れる機会も増えるということになります。

　お忙しいコインオーナー様に代わって、コインパレスがすべての売買に関する業務を代行させていただきます。アプリ内でのコインの写真表示な

ども、すべて弊社におまかせいただければ大丈夫です。もちろん手数料は頂戴いたしますが、仮に売買が不成立となっても、それ以上の追加料金などは発生いたしません。しかもコインが売れるまで期限を区切ることなく、展示を続けていただくことも可能です。

　このコイン界に革命をもたらすコインアプリ「コインプラザ」を、皆様のコイン販売の出口戦略にぜひお役立ていただければと思っております。

　ヤフオクやメルカリが人気なのは、ふと思ったときに気軽に物が売買でき使い勝手がよいからです。「コインプラザ」も、従来のオークションとは異なり、ネット空間で気軽に自由にご利用いただけるシステムです。たとえばコインのオーナー様同士、自分のコインを披露しあうなど、全国のコイン愛好者の皆様の交流の場ともなるような運営をめざしておりますので、ぜひご期待ください。

第5章　他の投資との比較からわかる　コイン投資のメリット・デメリット

1 投資先の種類

ペーパーアセットと実物資産

　世の中には様々な投資がありますが、私は自信を持ってコイン投資こそ最強の投資だと断言することができます。この章では、その理由を他の様々な投資と比較することで明確にしていきたいと思います。

　まず個別の投資について触れる前に投資先として、「ペーパーアセット」と「実物資産」の２種類がございます。その違いについてご説明しましょう。

　ペーパーアセットとは、株式や投資信託、FXなどがこれにあたります。つまり金や美術品などと異なり、手元に実物がない状態の資産です。昔は株券を手元に持っている人が少なくありませんでしたが、最近ではデータ上のやりとりが主流となっているように、いわば権利だけを持っているような状態を指します。本書では取り上げませんが、国債や社債などの債券もペーパーアセットに含まれます。

　売り買いが簡単なのがペーパーアセットの特徴です。一方、ペーパーアセットの弱点というのは、権利元が消滅してしまうと、元本を取り戻すのが難しいというところにあります。

　ちなみにFXは外貨を買っているからペーパーアセットではないのでは？　という方もいらっしゃるかもしれませんが、実際には外貨を保有しているのは業者であり、投資者の手元には外貨があるわけではありません。もしも業者が破綻してしまえば、持っていた外貨が戻ってくることはありません。

実物資産へのシフトが始まる？

　少々、話がずれますが、昔はＣＤやレコードで聴いていた音楽ですが、最近はダウンロードして視聴するスタイルが主流となっています。しかし、たとえば災害が起こったり、音楽の発信元が倒産してしまうなど、何らかの原因でダウンロードができなくなってしまった場合、とたんに視聴ができなくなってしまいます。

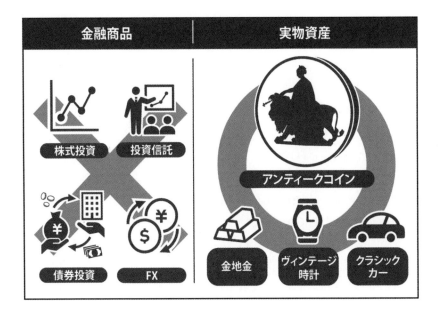

| 金融商品 | 実物資産 |

株式投資　投資信託

債券投資　FX

アンティークコイン

金地金　ヴィンテージ時計　クラシックカー

　つまり、これまでは、ＣＤやレコードといった実物が手元にあったから
こそ、いつでも自分の思い通りに音楽が聴けていたのです。しかし、最近
のダウンロードして視聴するスタイルでは、音楽を聴く権利だけを買って
いたにすぎません。

　最近、そのことに気づき始めた人たちが、ＣＤやレコードで音楽を聴く
スタイルに回帰しつつあるそうです。こと音楽の話題ではありますが、投
資でも同じことが言えるのではないでしょうか。手元に実物がある場合と、
権利だけを持っている場合の如実な違いがそこにはあるように思えます。

　一方、実物資産とは、金や不動産、美術品などのように手元に物がある
資産のことを指します。アンティークコインも実物資産に含まれます。

　実は音楽と同様に、最近、富裕層の間で、ペーパーアセットから実物資
産へと資産のシフトが始まっていると噂されています。こちらの場合は、
音楽とは異なり、もう少し事情が複雑で、世界各地のあらゆる動向が絡ん
でいます。

　一例を挙げると、中国の景気減速、いったんは落ち着きを見せるかと思
われていた北朝鮮問題の再燃、そして、先行き不透明なアメリカ経済など

です。世界経済を混乱に陥れる要素があちらこちらに散見されており、こうした動きに敏感な富裕層が機先を制するために、動いているのではないかと予想されます。

なぜ今、実物資産なのか

　そもそも、日本では最近までコインを投資目的で収集する文化がなかったのに、なぜヨーロッパでは、歴代の王族や中世貴族たちがこぞってコインを収集していたか、ご存知でしょうか。もちろん、宝石と同じように美しく希少性の高い品を保有しているというステータスの部分も大きいのですが、実は資産として保有している合理的な理由もあったのです。

　歴史的に見ても、ヨーロッパは大陸にいくつもの国がひしめき合っているため、国同士の戦いが頻繁に起こっていました。ですから、戦火の中を手軽に持ち出せるコインは、王族や貴族たちにとって、うってつけの実物資産だったのです。重い金塊や大きな絵画、彫刻などでは運び出すだけでも大変です。

　そういう点で、欧州の王族や資産としてのコインの価値をよくわかっていたのではないでしょうか。このような文化が代々受け継がれてきたがゆえに、現代においても、ヨーロッパの富裕層は、親から子へ、子から孫へと、大切に受け継がれる資産の一部をアンティークコインで保有しているのです。

　振り返ってみると、バブル後の日本は、失われた 20 年などと呼ばれていますが、日経平均株価がバブル期に最高値の約 4 万円から、2009 年には約 7000 円にまで下がってしまったことは、まだ記憶に新しいと思います。

　「有事の金」という言葉をお聞きになったことがある方も多いかと思われますが、先行きが不透明な時期に、ペーパーアセットのみに投資することは非常にリスクが高い行為だと言えます。

　一方、実物資産のほうは、投資対象を自分で保有していることから、価値がゼロになってしまうことはあり得ません。もし、仮に資産を売りに出すことになったとしても、ゼロ円という値段を付ける人はいないでしょう

から。そういう意味では、世界的な恐慌や大戦など万が一の際には、実物資産のほうが、ペーパーアセットよりも安全だと言えると思います。

　以下に様々な投資とコイン投資の比較についてまとめてみました。

　なぜ、コイン投資が海外の富裕層に人気があるのか、その理由がおわかりいただけるかと思います。

分散投資と金の保有方法

　もちろん、これまで何度もご説明しているように資産は分散投資をしておくことがベストな選択です。高リスクですが、リターンも高い株やFXなどの投資、安定的ですが値上がりペースがゆっくりであるコインや金と、組み合わせて保有しておくことで、より安心安全なポートフォリオとなるのです。

　その比率については、お客様1人ひとりの資産状況、今後のお金の使い方、生活スタイルなどにより、大きく異なりますので、詳しくは個別にご相談いただくのが一番いいかと思います。

　ここで金の値上がりについて、最新の状況をお伝えしておきたいと思います。アメリカのサブプライムローン問題やリーマンショック後、急騰した金相場ですが、その後2012年以降は様々な要因が重なり、金相場は低く抑えられてきました。しかし、2019年に入ってアメリカの利下げが現実的になると、一気に金相場が値上がりの様相を見せ、さらにコロナやウクライナ戦争などで高騰しています。金は限りある資源かつ宝飾品や工業用にも、利便性の高い貴重な金属です。一定の資産を金で保有することも、ぜひ視野に入れていただきたいと思います。

　なお資産を金で保有する際に、ぜひ覚えておいていただきたいことがございます。それは500gや1kgといった金塊で保有するのではなく、30gや40gの金貨で数多く持っておくほうが、利便性が高いということです。

　こういったことを書いてある書物は、あまりないと思いますが、人生には必ず想定外のことは起こります。たとえば戦争が勃発したときのことを考えてみてください。あってはならないことですが、今の世界情勢は第二次世界大戦前の雰囲気によく似ているとも言われています。自国の利益を

声高に主張する勢力の台頭、愛国心に名を借りたナショナリズムの胎動、静かに進む言論弾圧、今の世界情勢に、どことなく息苦しさを感じてしまうのは、私だけでしょうか？

　歴史は必ず繰り返します。戦争は、決してあってはならない、しかし、これからもないものと断定することはあまりにも楽天視しすぎるでしょう。過去に学ぶことは大切なことです。

　第二次世界大戦下では、都会に暮らす人たちが高価な着物や宝飾品を持ち田舎へ出向き、いくばくかの食料と交換したものでした。今後、もし同じようなことが起こると仮定してみると、物々交換の場合はお釣りなんてもらえません。仮に 500 ｇの金塊と大根や人参、米といった食料を交換したとしても、お釣りをもらうことはまず不可能です。

　そのような場合に備えて、逆に、金額の小さな、たとえばコインなどをたくさん保持していれば、コイン 1 枚と食料品の交換が何度でもできるのです。一般的に大は小を兼ねると言いますが、こと金に関しては、小さなコインのほうが、使い勝手がよく持ち運びも便利だと言えると思います。

　さて、またも話が少々、微に入り細を穿ちすぎたかもしれませんが、皆様の資産を守るために私が知りうる情報をすべてお伝えしたいとの思いが強すぎるゆえにです。どうかご容赦ください。

2　株式投資のメリット・デメリット

　投資の代表格と言えば、やはり株式投資です。日本国内の上場企業は、東京証券取引所を筆頭に、マザーズやジャスダックといった市場で約 3600 もの企業の株式が売買されています。有価証券を持っている人のうち、約 7 割が株式を保有しているとの調査結果（平成 27 年日本証券業協会調べ）もあり、日本の投資家の株への信頼度は高いと言えそうです。

株式投資のメリット
①透明性が高いこと
　株式は株式市場に上場し、公開することで売買が行えるようになってい

ます。株価は、ネットや新聞などで簡単に確認できますから、不正な価格で購入させられるといった危険性はまったくありません。

　また、企業は株式を上場するためには、会社の規模や経営状態、信用度など様々なチェックを受ける必要があります。そのため株式投資は、投資に安全性を求める日本人にとっても最も投資対象になりやすいと言えるのではないでしょうか。

②購入しやすい

　インターネットの普及により、株式売買が手軽にできるようになったことも、メリットです。あらかじめ、証券会社に口座を開く必要はありますが、一度開設してしまえば、あとは、パソコンやスマホからでも気が向いたときに株式を購入できるなど、とても気軽です。

③信用取引という方法がある

　株式には信用取引という方法もあります。株式や現金を委託保証金として担保にすれば、その３倍の金額までの売買が可能です。もちろんこの方法は、リターンも大きい代わりにリスクも大きくなります。

株式投資のデメリット

①儲かっている人は少ない

　では実際に株式で儲かるかというと、なかなか難しいというところが本音ではないでしょうか。

　私が知り合いなどから聞いた中から大ざっぱにまとめてみたところ、株で儲けている人が約１割、残りの９割の人は損をしているか、損はしていないまでもとんとんの状態のようです。

　お客様の中にも、「長年株をやってきたけれど、どうしても利益が出ないので、コイン投資にチェンジしたい」とおっしゃる方が何人もいらっしゃいました。

②初心者には難しい

　なぜ初心者にとって株は難しいのでしょうか？

　最近では、国内のみならず海外の経済状況や政治、災害、紛争などあらゆる情報に市場が敏感に反応することは言うまでもありません。株式投資

を行っている上級者は、利益を上げるための様々な手法を身につけており、市場よりも早く動くのが一般的です。

よく株式に関するニュースで「織り込み済み」という言葉を耳にするかと思いますが、たとえばどこかの薬品会社が画期的な薬を開発したというニュースが流れて、初心者が「よし、この会社の株は、今、買いだ」と実際に買ったとしても、その後思ったように株価が上がらないという場合などに使います。

つまり、上級者は、市場でそのニュースが明らかになる前に予測して行動するなど、すでに手を打っているのです。

③短期売買の場合は時間を取られる

デイトレーダーであれば、日がな一日パソコンを注視して、売買のタイミングを見計らったりと、まさに鵜の目鷹の目で世の中の動きを注視していく必要があります。

しかも、何台ものパソコンの画面を同時に確認しながら、株価の値動きに一喜一憂を繰り返しているのです。

株式投資のまとめ

このように株式で、利益を得ようとするのは、生半可なことでは難しいと言わざるを得ないでしょう。

ごく最近のニュースですが、投資の神様として知られているウォーレン・バフェット氏ですら、なんと2.8兆円もの赤字を抱えたというニュースが世間を騒がせました。

神様と呼ばれる人でも株の値動きを読み違えることがあるのです。ましてや初心者が株で安定的に利益を出すのは、至難の業と言えるのではないでしょうか。

一方、初めての方でも利益を出しやすいのが、アンティークコイン投資です。買って持っているだけで、よほどのことがないかぎり、値上がりしていきます。

株式のように、様々な用語を予備知識として覚えたり、数字やグラフとにらめっこする必要は全くありません。

3 投資信託のメリット・デメリット

　投資信託とは、複数の投資家から集めた資金を、有価証券や金融商品に投資し、そこから得た利益を投資家に分配する仕組みのことです。万が一のリスクに備えて、投資家の資産を管理する信託銀行と運用の指示を行う運用会社により運営されています。

　なお、同じように顧客からお金を集めて運用をする金融商品として、ファンドがあります。広くは投資信託もファンドに含まれるのですが、厳密には投資信託とファンドは異なるものです。投資信託は行政が管理する金融商品が扱われています。

投資信託のメリット
①運用をプロに任せられる

　投資信託は、投資者はお金を出すだけで、実際の運用は、ファンドマネージャーとよばれるプロの投資家が行います。そのため投資者は、投資先やその経営状態、売買のタイミングなどを気にかける必要は全くありません。

　株式のように経済ニュースや、値動きを気にしたりする必要がないので気が楽だと言えるでしょう。また経済や金融に関する知識を持ったプロの運用なので、初心者が運用するよりは利益を生みやすいと考えられます。個人では買いにくい海外の株式や債券に投資することも可能です。

②小口からの投資が可能

　株式投資の場合、単位株を購入するためには、それなりの金額が必要となりますが、投資信託の場合は、商品によっては、数千円という小口での投資も可能です。そのため気軽に始められるのもメリットです。

③行政により管理されている

　投資信託は、「投資信託および投資法人に関する法律」に基づき、委託業者により運用されています。一方、顧客から集めた資金を機関投資家などが運用する金融商品がファンドです。

投資信託は、行政が管理する金融商品のみ扱うことになっており、法律に基づいて運営されているため、他のファンドに比べて安心感が強いと言えるでしょう。

投資信託のデメリット

①費用がかかる

　たとえば、販売買いつけ手数料やファンドの管理費用など、投資のプロに運用してもらうための費用が発生します。

②元本保証がない

　投資信託は、銀行預金などとは違って、元本保証がないため、購入時よりも値下がりして売却した場合、元本を割り込むことがあります。そのため運用次第では損をしてしまう可能性があるのです。

投資信託のまとめ

　プロのファンドマネージャーが、顧客に代わって運用をしてくれたり、小口から投資を始められたりするなど、投資初心者には、取り組みやすい条件が揃っているかに見える投資信託ですが、色々手数料がかかるのが辛いところです。手数料を差し引いてプラスが出るような運用をしてもらわないと、利益が出ません。

　また、ファンドマネージャーが、どのような会社のどんな事業に投資しているのかが把握できない点も不安要素と言えます。たとえば、あなたが預けた大切なお金が、海外の軍需産業などに投資をされている可能性がないとも言えないのです。

　プロに自分のお金を預けて任せていると安心感はありますが、その分、不透明性は高くなります。また実物投資ではないので、権利しか持っていないのも不安要素と言えるかもしれません。

　その点、コイン投資なら、自分の手元に資産となるコインがあります。そのため万が一、世界恐慌などが起こったとしても、資産価値がなくなるペーパー投資と比較すれば、安心感があると言えるのではないでしょうか。

4 FX投資（外国為替証拠金取引）のメリット・デメリット

FXとは1998年に「改正外為法」が施行されたことで、個人がドルやユーロなどの外国通貨を交換、販売し、その差益を得る投資方法です。たとえば1アメリカドルを100円で買って、110円で売れば、その差額10円が利益となります。FXで稼ぐためには、レバレッジをかける必要があり、実質の投資金額の何倍ものお金を動かすことになります。そのため、ギャンブル性が高い投資であると言えるでしょう。

FX投資のメリット
①レバレッジが高い

少額でもレバレッジをかけられることにより、高いリターンを得られる可能性があります。たとえば、10万円を元手にしていても、最大25倍のレバレッジを利用すれば250万円分もの外国通貨へ交換できるというシステムです。しかし、当然のことながらリターンが高いということは、リスクも高いということです。

レバレッジをかけすぎたあげく、自分の予算以上の損が発生する場合もあります。実はレバレッジの高さが日本政府でも問題視されはじめたようで、金融庁では、レバレッジの引き下げを検討しているとのニュースも流れてきています。

FX投資のデメリット
①レバレッジが高い

これはメリットでもあり、デメリットでもあると言えます。自分の予算の25倍ものレバレッジをかけての取引など、危険以外の何物でもないと思うのは私だけでしょうか？

②24時間相場で動く

株式の取引が原則9時〜15時までなのに比べて、FXの場合は24時間取引が可能となっています。いつでも取引ができるというメリットともなり得るのですが、逆に保有している為替変動を四六時中、気にしてい

なければならないという縛りにもなってしまいます。特に為替の値動き
は、予想が難しく、時に大きく値が動くこともあり、なかなか気が抜け
ません。

③暴落の恐れがある

　政治的な事件や戦争、テロ、天災といった突発的な出来事の影響を受け
て持っている通貨が暴落してしまう可能性がないとは言えません。

FX のまとめ

　個人的な意見ですが、レバレッジに頼りすぎる FX 投資は、ハイリスク
ハイリターン、もはやギャンブルに近いと言っていいと思います。しかも
海外の為替が対象となっているので、世界レベルでのニュースにも神経を
配らねばなりません。急激な為替変動により、1 分ごとに、自分の資金が
万単位で消えていくのを冷静に損切りできるかどうか、そんな精神力を何
度も試されるのが FX 投資なのです。

　同じ通貨を投資対象としながらも、FX とアンティークコイン投資は対
極にあるといっていいのかもしれません。片やペーパー資産と実物資産、
秒単位での値動きに対し、じっくりと時間をかけての値上がり、起伏に富
んだ値動きと、安定的な値動き。安定性という点において、アンティーク
コイン投資に軍配が上がると言えるのではないでしょうか。

5　暗号資産（仮想通貨）のメリット・デメリット

　暗号資産とは主にインターネットで取引される通貨です。通常の通貨と
の大きな違いは 2 つあります。まず紙幣や貨幣のような現物ではなく、電
子データのみの通貨であること。もう 1 つは、中央銀行を介さず、特定の
国家の後ろ盾もないという点です。

　暗号資産の代表格ビットコインを始め、暗号資産取引所コインチェック
社の流出事件で一躍その名が知れ渡った NEM など、2023 年 3 月現在約
9000 もの種類があると言われています。

　先頃、メタ（フェイスブック）が 2020 年から運用を開始すると発表し

て、様々な物議を醸した暗号資産ディエム（旧リブラ）ですが、当初の設立メンバーに名を連ねていた ebay や visa、mastercard など、5社がメンバーから離脱しました。ディエムは、ビットコインなどとは異なり、複数の国の通貨バスケットを裏打ち資産としているため、投機的な価格の乱高下が起こりにくいとされていました。しかし、2022年1月31日にディエムの発行を断念しました。

　こうした新しい動きや、ビットコインの価格の乱高下、そして流出を防ぐための技術の確率など、暗号資産にはまだまだ未知数な部分が多く、安心して資産を預けるには、まだ安定感が足りないように思われます。

暗号資産のメリット

①新しい通貨であること

　これはメリットにもデメリットにもなり得ることではあります。暗号資産は、まだ新しい投資であるため、これまでの動きを見てみると初期に投資を始め、人気が出たところで売った人は、大きな利益を得たはずです。そういう意味で可能性に満ちた投資であると言えるのかもしれません。

　しかし、一方で価格が定まりきっていない感があり、これから値上がりするのか、それとも値下がりするのか方向性が定まらない部分もあると言えるでしょう。

②新しい可能性がある

　暗号資産には国という概念がないので、ワールドワイドに広がった場合、ビジネスシーンを大きく変えていく可能性があります。たとえば、日本から外国へ送金する場合は、通常なら手数料がかかりますが、暗号資産なら手数料はほぼかからないと言われています。

　また為替差額を気にする必要がなく、データのやりとりなので、送金も現金とは比較にならないくらい早く行えます。

　あまり投資には関係のないメリットではありますが、こうした利便性が浸透していけば、これからのスタンダードになってくるかもしれません。そうした場合、投資としての魅力も高くなる可能性もないとは言えません。

暗号資産のデメリット

①ハイリスクな部分が多い

　暗号資産は、特定の国家が発行している通貨ではないために、市場の値動きが暴走した場合でもそれを止める手立てがありません。

　たとえば株ならあまりに値動きが激しい場合は、ストップ高やストップ安といった安全策が講じられますが、暗号資産にはそういったシステムがありません。暴落が起ったとしても、それを手をこまねいて見ているしかないのです。

②安全性に疑問

　暗号資産はデータにすぎないために、万が一それが消えてしまっても、取り戻す手段がありません。また怖いのが、ハッキングです。

　2014年に起きたマウントゴックスにおける45億ドルものビットコインの消失事件は、未だ全容が解明されていませんし、2018年に580億円という多額の暗号資産NEMが流出した事件は、記憶に新しいところでしょう。

暗号資産のまとめ

　新しいムーブメントには、期待感がありますし、いち早く取り組んで成功する人がいるのも事実です。ただし、世界に比べて日本国内では、まだまだ暗号資産での支払いをできる店舗も多くありません。

　今後、普及していくかどうかは未知数です。実際、暗号資産NEM流出事件後は、暗号資産の価格も大きく下がっています。そのため投資先として、先行き不透明だと言わざるを得ないかと思います。

　これに対してアンティークコインは、ヨーロッパなどにおいて、古くから投資対象としての歴史があります。しかも値動きは極めて堅調で、希少性の高いコインについては、価格の暴落といった可能性はまずありません。

6　不動産投資のメリット・デメリット

　不動産投資とは、マンションやアパートなどの不動産に投資をして、利益を得ることです。不動産投資での利益の上げ方は2種類あります。

1つは自分が購入したマンションなどに入居者を受入れて、家賃収入を得るやり方、もう1つは購入したマンションなどが値上がりしたときに売って利益を得る方法です。

　不動産投資は、家賃のように定期的に利益が得られるインカムゲインと、購入価格より高く売ることで得られるキャピタルゲインの両方が得られる投資で、実物資産の中では、日本では不動産投資が最もポピュラーな投資先だと言えます。

　ただし最近では、土地の値上がりが見込めないことから、家賃収入を得る目的での不動産投資が主流となっていると言われています。

　また不動産業者の中には、節税対策として不動産投資をすすめる例もありますが、税務署の監視は厳しく、家賃収入や赤字部分の内容など、かなり細かい項目までチェックを受ける可能性が高いようです。

　また現金をそのまま相続するのに比べて、評価額が約3分の1程度まで下がる不動産による相続を売り文句にする業者が多いようですが、マンションなどを建てた場合に、建築費用にお金をかけすぎたり、建てた後も修繕費などの維持費にコストがかかったりと、一概に節税になるとは考えないほうがいいようです。

不動産投資のメリット

①比較的リスクが小さいとされている

　不動産投資は、定期的に収入として賃料が入ってくるほか、よほどのことがない限り、持っている土地の価格がゼロになることはないため、他の投資に比べてリスクが低いとされています。

　しかし、最近では都市部でも空き家が問題となるなど不動産に対する将来的なリスクが高まっていることは念頭に置いておいたほうがよさそうです。

②購入時にローンが組める

　低金利時代の恩恵を受け、不動産取得のためのローンも今や低金利。元手の数倍の物件を購入できることはメリットと言えるかもしれません。

　また、購入後は家賃収入が見込めるため、家賃収入をローン返済に充てることも可能です。

不動産投資のデメリット

①コストがかかる

　まず不動産を購入するのにまとまったお金が必要となります。マンションの一棟買いなら何億、何十億と資金が必要ですし、ワンルームだけを買う場合でも少なくとも数百万円はかかります。

　この他に修繕や管理にコストがかかります。また入居者を集めるための広告費といった費用がかかります。またローンを組んで物件を購入した場合など、空き室が出た場合は、そもそもの資金計画が狂ってしまう可能性もあります。

②すぐに売却できない

　都市部の人気エリアであれば、すぐに売却が可能となるケースもあるかもしれませんが、不動産が余りがちになっている昨今、地方では売れるかどうかすらも危ぶまれるケースも。しかも、株などとは異なり、売買に時間がかかり、さらに現金を手にするまでにはかなりの時間がかかることは覚悟しておいたほうがよさそうです。

③災害などのリスク

　地震や火災といった災害により、資産価値が消滅してしまう可能性があります。特に地震列島の日本では、家屋の倒壊といった被害があちこちで発生しており、決して見逃していいリスクとは言えないと思います。

不動産投資のまとめ

　バブルの時代は多くの人や企業がこぞって不動産を買い求め、バブル崩壊と同時に痛い目に遭いました。狭い日本だから、土地バブルは弾けないというのは幻想にすぎなかったのです。

　そして、これからの日本はますます少子化が進む社会、すでに地方では空き家問題が深刻化しており、不動産の価値というものが、低くなることはあれ、バブル以前のように土地価格が値上がりするとは考えないほうがいいことは明白です。キャピタルゲインどころか、キャピタルロス（資産価値が下がることで生じる損失）に陥らないとも限りません。

家賃のようにインカムゲインを狙う投資としてみても、修繕費の問題や空き室の問題、家賃滞納など、不動産投資には頭の痛くなる問題が頻発しているイメージです。

　また、老後の生活のためにと、多額のローンを組み、土地と建物を取得し、周囲アパート経営を始めたものの、近隣に同じような賃貸アパートが増えたがために、家賃の値下げ競争が始まり、当初の返済計画が大きく狂ってしまうというケースもあります。

　結果、多額のローンだけ残って苦しんでいる賃貸オーナーもおられるようです。そういう意味では世間ではリスクは中くらいだと言われても、運用が難しい投資だと言えると思います。

　不動産賃貸は不労所得だと言われていますが、一方で借り手との家賃交渉やメンテナンスなど頭を悩ませる問題も多く、不動産オーナーによっては、苦労所得であるとこぼす人もいます。

　これに対して、アンティークコインは、買ったその日から値上がりをじっと待つだけです。コインの保管にだけ気を配っていればあとは、何もしなくていいのです。

7　ワイン投資のメリット・デメリット

　もしかしたらアンティークコイン投資以上に知名度が低いかもしれない、それがワイン投資です。日本では、まだほとんど知られていない投資ですが、ヨーロッパではかなり歴史のある投資法です。

　ワインと言えばフランスというイメージですが、実際にフランスでは、銀行融資の際にワインの資産価値が担保として認められているだけでなく、相続税がかからないといった優遇措置までとられているというから驚きです。

　ワイン投資にも２つの種類があり、１つはワインそのものを購入して保管しておき、価格が上がったところで売るというもの、もう１つはファンドに投資するというものです。

　ただし日本初のワインファンドとして注目を集めていた企業が 2016 年に破綻してしまったため、現在、国内にはワインファンドは存在していません。

　ワイン投資は、金（ゴールド）と同じように商品（コモディティー）に分類されますが、その他の商品と大きく違う点が１つあります。

　それは同じワインが二度と手に入らないことです。同じ銘柄であっても製造年度によって、できが違うため、良質なワインは高値で取引されるのです。

　しかもワインは飲料として消費されていく商品なので、徐々に数が減っていきます。そうなると、ますますプレミアが付くというわけなのです。

ワイン投資のメリット
①投資自体には手間がかからない

　コイン投資と同じく、ワインも買った後は値上がりを待つだけです。株や為替のように、日々刻々と変わる値動きを気にする必要はありません。

②現物資産である

　アンティークコインと同じく現物資産であるワインは、物の値段が上が

るインフレに強いと言えるでしょう。

　また、会社が倒産するとただの紙切れになってしまう株券と異なり、保有しているワインの価値がゼロになることはありません。

ワイン投資のデメリット

①ワインに対する知識が必要

　ワインは味も産地もつくり手も多岐にわたります。年度が異なるだけで、ワインの価値が大きく異なりますから、それらの知識を網羅する必要があるのです。初心者には、将来どのワインが値上がりするか、見極めが難しいと言えるでしょう。

②保存が難しい

　メリットのところで、投資自体に手間がかからないと書きましたが、ワインそのものの保管は大変です。温度や湿度に細心の注意を払わないと、全く別物のワインになってしまうからです。最悪の場合、飲めないほどに

劣化してしまう可能性もあり、高価なワインを投資用にと考えるなら、ワインセラーといった専用の保管施設が必要となります。

　専用の保管施設に保管していても心配なのが、地震の被害です。ワインはガラスビンに入っていますから、大きな地震に遭遇したときの被害は計り知れません。災害に持ち出すことを考えても、ビンに入ったワインを大量に持ち出すことはまず不可能だと言えます。日本は湿気が多く、しかも地震大国ですから、ワイン投資に適した風土とは言えないのです。

ワイン投資のまとめ

　購入時にワインに関する知識が必要になる点や、自分で海外と取引する場合は語学力も必要となり、まず初めの一歩から、ハードルが高い投資というイメージです。

　しかも購入した後のワインの管理にも、気を配る必要があります。何より、地震大国の日本で、大量の高級ワインを保管することの危険性を考えると、二の足を踏んでしまいそうです。

　アンティークコインの場合は、スラブケースで保管されているため、万が一の地震の衝撃にも安心です。持ち出すときもカバンやポケットに入れるだけで済みます。同じ実物資産でも、保管と持ち出し時の容易さでは、断然コインを選ばざるを得ないと言えるでしょう。

8　美術品投資のメリット・デメリット

　絵画や陶器、掛け軸、刀剣といった美術品も昔から根強い現物資産です。バブルの頃には、ゴッホやルノアール、ピカソなど教科書に載っているような有名作家の絵画がこぞって、日本に集まってきていました。最近は、こうした華々しい話題はあまり聞かなくなったと思っていましたが、そうでもないようです。

　現代美術の分野では、草間弥生さんや、村上隆さん、奈良美智さんといった日本人アーティストが海外でも大人気、その作品の価値がどんどん上がっているようです。かたや、最近でも大手衣料通販会社 ZOZOTOWN の

社長がバスキアの絵画を123億円で落札したなどのニュースもありました。成功者が高価な車に乗るように、絵画を求めるのは今も昔も変わらないのだと思います。

ところでバブルの頃に日本人が買い漁った絵画は、どうなったのでしょうか。実はバブル崩壊後、静かに海外へと買い戻されていったようです。しかも大半の絵画は、購入時の半額以下の価格だったとか。バブル経済とはいったい何だったのでしょう。

美術品投資のメリット
①当たれば大きい

十数年前に10万円〜20万円だった奈良美智さんや村上隆さんの作品が、今や1000万円を超える値段がついているというのですから、当たると大きいのが美術品投資の醍醐味と言えるでしょう。

②美術品そのものを楽しめる

壁に絵画を飾ったり、廊下に陶器を置いたりして、生活空間を彩って楽しめるのは、美術品投資ならではの楽しみです。

もしも先行投資して買った作家が日の目を見ることがなく、投資としては失敗だったとしても、気に入って買った作品であれば、手元にあるだけで満足できるとも言えます。

美術品投資のデメリット
①保管が難しい

絵画なら保管する上で、18〜20度かつ湿度50〜60％の環境が好ましいとされています。カビは厳禁、また紫外線で劣化してしまうので、日の光が入る環境に置くことを避けるなど、保管にはかなり気を配る必要があります。

貸し金庫を借りるにしても、何十号もある絵画など、大きな美術品の場合は、預け入れることが困難です。結局は自宅を絵画に適した湿度、温度管理ができる、美術館やギャラリーのように改装する他はなく、余計な資金がかかることになります。

刀剣の場合も、保管に手間がかかります。刀の場合は酸化してさびてしまうことがあるので、それを防ぐために半年に一度の頻度で油を引く必要があります。

　また研ぎを行う場合は、専門の研ぎ師に依頼する必要があり、それなりの費用が発生します。

　ロレックスなどのアンティーク時計の場合も、同様に約3年ごとにオーバーホールの必要があります。機械の性能を維持するために必要な作業なのです。

②地震など災害の心配

　陶器や彫刻など、地震の被害によって破損の恐れがある物は、地震の多い日本では保管が難しいという面があります。

　実際に、東日本大震災の折には、これまで集めたコレクションの大半を失ってしまったお客様がいらっしゃいました。絵画や掛け軸の場合は、火災も気をつけねばなりません。

③美術品を見抜く目が必要

　当たれば大きいのが、美術品投資ですが、星の数ほどいるアーティストの中から将来、人気が出そうなアーティストを選ぶのは至難の業と言えるでしょう。もしかしたら宝くじを当てるよりも難しいことかもしれません。

　真贋についても同様です。掛け軸などは、贋作が山ほどあると言われており、精巧なものはプロでも見極めが難しいほどだそうです。投資目的で美術品を買うのであれば、偽物をつかまされることは絶対に避けなければなりません。

④値上がりに時間がかかる

　あまりよくない例えですが、芸術家が亡くなると、作品の値段が跳ね上がるという話を聞かれたことはないでしょうか。希少価値が上がるからなのだと思いますが、美術品投資の場合はそのくらいの長いスパンで考える必要があるということなのでしょう。

　もちろん、買った作家の作品が値上がりするかどうかは、運次第というところもあります。

美術品投資のまとめ

　アンティークコイン投資もコインの美しさそのものを楽しめる現物資産であり、美術品投資とは近い関係にあると感じています。

　しかし、コインに比べると、圧倒的に美術品のほうが数も種類も多く、その中から値上がりするであろう逸品を選ぶことは、まさに砂浜から一粒の砂金を探すに等しいようにも思えてなりません。

　美術品を見る目を養う必要もあり、本当に好きな人だけが楽しむ投資方法なのではないでしょうか。

　アンティークコインにも、色々な国の様々な種類のコインがありますが、投資目的で見て、値上がりが見込めるコインとなると的が絞りやすく、物を選ぶのにさほど苦労はしません。また、保管のしやすさという点から見ても、圧倒的にアンティークコインの方が時間もコストもかからないと言えます。

9　金投資のメリット・デメリット

　金投資と聞くと、金の延べ棒を思い浮かべる方もいらっしゃるかもしれません。

　しかし、最近では金投資にも様々な方法があります。ベーシックな金地金の保有から、月々小口で買い続けていく積み立て方式、投資信託、地金型金貨など、目的や予算に応じて自分に合った投資を選べる環境が整っています。

　その内容を詳しく見ていくと、金EFTや投資信託では、基本的に株と同じように証券化された金の取引が行われます。

　しかも、そのほとんどが現物資産である金との交換ができないように設定され

ています。つまり、金そのものを買っているのではなく、権利だけを買っているような状態です。簡単に取引できるのは魅力ではありますが、急騰や下落など値動きが複雑化しており、多大な投機マネーに翻弄されているといった感があります。

また、金先物取引では、なんと約70倍ものレバレッジをかけることができてしまいます。FXのレバレッジが最大25倍ですから、金先物取引のレバレッジの大きさはおわかりいただけるかと思います。こうなってくると、金投資もカジノ以上のマネーゲームになってしまっている感が否めません。

有事の金という言葉があるように、金は長い間、安全な資産として人々からの信頼を集めてきました。今でも世界の主要国は金を自国の資産として保有し続けています。

しかし、ご説明してきたように、現物資産としての金だけではなく、証券化された金の売買が可能になったことで、本来の金の価値が薄れてきていると実感しています。

また、金の現物取引について、少々気になることを聞きました。最近、金に関連する仕事をしている方から聞いた話です。その知人は、金地金の売却相談を受ける機会が増えたそうなのですが、その際に顧客が意外な点で苦労をしているというのです。

株でも実物資産でも、買ったときと売ったときの差額は所得として、課税対象となります。金地金の売却をした場合もそれは同じです。

ところが、金地金を何年も持ち続けていて、いざ売却しようとなったときに、もしも購入金額が明記された伝票や書類が手元に残っていない場合は大変なことになってしまうのです。

仮に1kgの金地金を500万円で売却したとします。すると、購入時の金額を記した書類がない場合、税務署から、この金地金は売却金額500万円の5％の金額で購入したものとみなされてしまうのです。つまり購入金額25万円、ですから売却益として475万円もの高額が課税対象になってしまうのです。

購入時の伝票が残っていなければ立証できませんから、税務署の決ま

り通りに税金を払うことになります。多くの顧客は、古い伝票などわざわざ取っていませんから、知り合いの業者も頭を悩ませているとのことでした。

ところで2016年以降、200万円以上の金の売買の際には氏名などの申告が必要となっています。ですから、金をこっそり売却してなどという行為は、違反となります。

金投資の場合には、こうした厳しいルールがあることも、ぜひ覚えておいていだければと思います。

金投資のメリット
①色々な投資方法が選べる

先ほどもご説明したとおり、金地金や金積立、投資信託、地金型金貨、先物取引と、様々な投資方法があります。自分の目的や資金にあった投資を選べるというのは便利です。

しかし、中にはリスキーな投資法もあるので、あらかじめ予習をした上で投資に望みたいものです。

②小口からでも購入可能

金地金はその日の金価格により値段が決まります。

たとえばその日の金価格1グラムが5000円だとしたら、1kgが500万円となります。小さな5グラムくらいの金ならば、2万5000円で買える計算です。

このほかにも毎月決まった金額の分だけ金を買っていく積立方式や小口の投資信託などもあります。少額からでも投資に取り組むことが可能です。

③現物なら金そのものに価値がある

これは金地金や地金型金貨に限りますが、金そのものの価値は失われることがありません。

たとえば株なら会社が倒産してしまえば株はただの紙切れに、国が破綻すれば紙幣も価値がなくなってしまいます。

その点、金はそのままで価値があるため、安全資産だと言われています。

金投資のデメリット

①相場を読むのが難しい

　株やFXでも同じですが、金価格も世界情勢に敏感に反応するために値動きを見極めるのが難しいという点があります。

　たとえば、先物取引が導入された2003年から世界中で相場が一気に5倍まで暴騰したかと思えば、2012年以降金の価格は下がり続け、ついには40％以上も下落しました。2019年以降、金の価格は高騰しています。

　特にテロや戦争といった突発的な出来事に反応しやすいために、プロでも見極めが難しいと思われます。

②金地金や積立てではコストがかかることも

　金地金の場合は、保管の心配があります。自宅で保管する場合は、盗難リスクに備える必要があり、金庫を用意するか、貸金庫などを借りる場合も手数料がかかってきます。

　また金積立の場合は、手数料がやや割高に設定されています。保有している間、継続的に手数料がかかってきます。キャピタルゲインを得るだけの値上がりに加えて、手数料分も値上がりを計算しておく必要があります。

　一方、金EFTや投資信託では、手数料は安めに設定されていますが、そもそも金と交換できないケースがほとんどです。

③持ち出しリスク

　金は様々な金属の中でも重い類いの金属です。

　そのため金地金で保有している場合、万が一の災害などで持ち出すとなったときに重さがネックとなります。

　富裕層の方の中には、100キログラムもの金の延べ棒を保有されているという人がおられます。

　しかし、100キログラムもの重量のものともなれば、いざというときに1人で持ち出すことは不可能です。

　その点、アンティークコインなら、同じ価格の物でも1枚わずか数十グラムです。そのため持ち出すのは簡単、ポケットに入れるだけで大丈夫です。

金投資のまとめ

　金投資とアンティークコイン投資は、金という素材が共通してはいるものの、全く異なる投資です。地金型コインの価格は、金価格を元に算出されるものですが、一方アンティークコインには、希少性と人気というプレミアが付くので、地金にはないような価格の高騰が見込めるのです。

　金の小口投資を検討されていたお客様は、意外に手数料が高かったことから、諦めたそうで、「コイン投資なら、買ってしまえば月々の手数料を払う必要がないのが魅力」だとおっしゃっていました。ランニングコストというのは、月々の固定収入が見込めるため、販売会社にとってはいわばおいしい収入なのです。一方、顧客にしてみれば、手痛い出費であることは言うまでもありません。

　手元に金のインゴットを置いておくというのは、一種のステータスのようにも感じられますが、盗難リスクや持ち出しの際のことを考えると、あまりいい方法とは思えません。

　また、金はドル建て資産なので、国内相場は為替レートの影響を受けます。日本国内での金の値動きだけに着目して売買していると、思わぬ損害を被ることがあります。これ以外にも手数料や保管料など、意外にコストがかかることにも注意してください。

10 預貯金のメリット・デメリット

　興味深いデータがあります。2019年に日本銀行が発表した日本、アメリカ、欧州の家計における金融資産の構成内訳です。つまり3地域ごとに、貯蓄や株、保険といった資産の内訳を示したデータです。

　それによると、資産を現金・預金で持っている割合が日本は5割を超える52.5％なのに対して、ヨーロッパは34％、アメリカにいたってはわずか13.1％という結果となっています。

　いずれの国と地域も保険・年金などは、資産のうち約30％前後なのですが、アメリカが突出しているのが株式です。アメリカ人の資産は、株式での保持が３４％に対して、日本はわずか10％程度にすぎません。

　言ってみれば、日本が貯蓄・現金重視型、対してアメリカは投資重視型、欧州はその中間でバランス型と言えるでしょう。

家計の金融資産構成

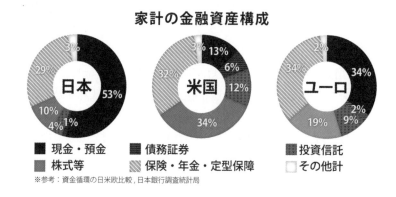

※参考：資金循環の日米欧比較，日本銀行調査統計局

　資産の構成については、どれが正解というものはないかと思うのですが、このデータから見ても、日本人がいかに現金や貯蓄に信頼を置いているかが窺い知れるのではないでしょうか。

　なぜ日本人はこれほど、現金や預貯金が好きなのでしょうか？　いくつか理由があると思いますが、国民性として投資に対して消極的であること、銀行を信頼していること、それに加えて、これまで円が強かったという理

由もあるかもしれません。

　しかし、皆様もご承知のとおり、バブル崩壊後は、多くの銀行や証券会社がなくなりました。これまで世界中から、優良通貨として信頼されてきた円ですが、いつまでその評価が続くかは不明です。なにせ今や日本は、世界一の借金大国なのですから。

　資産もバランスが大切です。あらゆるリスクに備えて、資産は投資先を分散しておくべきだと思います。

預貯金・現金のメリット

①額面より減ることは基本的にない

　株や投資信託では、売り買いのタイミングによっては、元本を割り込むことがあります。

　しかし、預貯金の場合は、すずめの涙ほどではありますが、利息がつきますし、現金はそのまま元本を割り込むことはありません。

　しかし、預金は万が一、お金を預けている銀行が破綻してしまった場合は、一定の条件のもとで1000万円までの預金しか保護されないことになっています。

　1000万円以上の金額を預けている場合は、金融機関の状況により、払い戻しされなかったり、減額されてしまう可能性があります。

②銀行に預けておけば安全性は担保される

　資産保全という目的のためだけであれば、銀行にお金を預けておけば、盗難に遭う恐れもありませんし、ひとまずは安心だと言えるでしょう。

　しかし、ネットの銀行の場合は注意が必要です。たしかにネット銀行は使い勝手がいいのですが、IDとパスワードを使って不正に引き出されてしまったとしても、預金保護法の対象とはならないのです。

　では泣き寝入りするしかないのかというと、実質的には各銀行では9割以上の割合で、被害者に対し補償を行っているようです。

　しかし、たとえばIDやパスワードの管理をきちんとしていなかったなど預金者本人に過失があった場合、全額補償されない可能性もあるので注意が必要です。

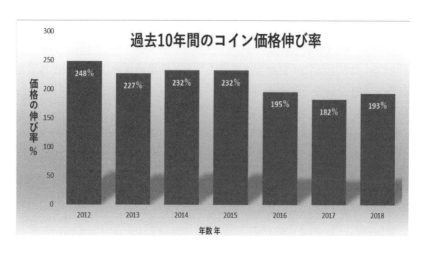

過去10年間のコイン価格伸び率

価格の伸び率 %

| | 248% | 227% | 232% | 232% | 195% | 182% | 193% |
| 2012 | 2013 | 2014 | 2015 | 2016 | 2017 | 2018 |

年数年

普通預金の利息イメージ

例えば、お預かり金額：1000万円　お利息：0.001%の場合・・・

日付（年月）	概要 口座番号：	お払戻し金額	お預かり金額・お利息	差引残高
				10,000,000 円
2019 年 4 月	お利息	円	100 円	10,000,100
2019 年 5 月	お利息		100	10,000,200
2019 年 6 月	お利息		100	10,000,300
2019 年 7 月	お利息		100	10,000,400
2019 年 8 月	お利息		100	10,000,500
2019 年 9 月	お利息		100	10,000,600
2019 年 10 月	お利息		100	10,000,700

10年後

2029 年 4 月	お利息		100	10,012,107

預貯金・現金のデメリット

①低金利時の預貯金は資産が増えない

　日本では、相変わらず低金利が続いています。たとえば今や定期でも0.01％、普通預金にいたっては0.001％などという低金利。こうした数字を見ると、銀行に預金しても、ただ預けているだけで利息が増える楽しみといったものは全く感じられません。やはり資産は、ただ寝かしておくのではなく、投資をして増やすべきだと強く思います。

②経済のインフレ下により価値が目減りする

　少しわかりにくいかもしれませんので、詳しくご説明しましょう。

　ここ数年来、日本では物価がゆるやかに上昇しつつあり、インフレ経済へと転換しつつあります。インフレになっても、預貯金の額面そのものは減ることはありませんが、物価が上昇した分、相対的に預金の価値が下がります。

　たとえば、100円で買えたリンゴが200円に値上がりした場合、これまで1000円で10個買えたリンゴが、1000円で5個しか買えなくなります。つまりインフレが進むと、同じ金額を持っていたとしても、実質的には貧しくなっているのです。

　これは目に見えづらい現象なので、「インフレで景気がよくなっているはずなのに、なんとなく生活が楽にならないどころか、苦しくなっている」そうしたざっくりとした感覚で受け止めがちですが、見逃してはいけない点だと思います。

　バブル崩壊から25年間、日本はデフレが続いていましたから、預金金利が低くても大きな問題にはなりませんでしたが、この先、インフレが進むとなると預貯金は有効な資産保全策とは言えなくなりそうです。

預貯金投資のまとめ

　上記で説明したように預金金利が低く、銀行に預けていてもほとんど利息が付かない現状があります。そうした中、日本では自宅に現金を保管するタンス預金が増えているそうです。

　その理由は詳しくはわかりかねますが、もしかしたら、近々決定されると噂されている預貯金口座へのマイナンバー登録と関係があるのかもしれません。銀行通帳にマイナンバーが記載されれば、自身の資産がすべて丸裸になってしまう、それをリスクと捉える人が少なくないのかもしれないと想像します。

　しかし、現金を自宅で保管している場合でもリスクはあります。最大のリスクは、盗難や火災による消失です。紙の紙幣は、最近増えている台風による水害にも弱いと言えるでしょう。

大量の現金を残したまま、長期の旅行で家を空ける場合なども、心が安まらないのではないでしょうか。また、タンス預金のありかを当人しか知らない場合、その人が亡くなったときに、ご家族が知らないままに処分をしてしまう可能性がないとも言い切れません。

　一方、預貯金のほうは、安全性という面から見ると心強いのですが、銀行の破綻やネット銀行の場合は盗難リスクといった負の側面もあることは否めません。

　預貯金も現金も資産保全という面から見ても、インフレ時においては、現金で持っている時点で、実質的に資産が目減りしていることになってしまう点にも注意が必要です。

　一方、アンティークコインは、過去25年間、年利で2％を大幅に上回っています。現金のまま持っていたお金をアンティークコインで持っていたならば、銀行に預けているのとは、大違いの利益を生んでいたことになります。

　インフレ対策としても、アンティークコインは有効な手段だと言えるでしょう。

2014年 ブリタニア 100ポンド(1オンス)金貨

2016年 ブリタニア 100ポンド(1オンス)金貨

第6章　自分の資産について考える

さて、ここまでアンティークコイン投資の魅力について、様々な角度からスポットを当ててまいりました。アンティークコイン投資ならではのメリットやデメリット、また間違いのない投資方法についても伝え得る限りの情報をご提示させていただきました。

　ここからは、私が本書を発行したもう１つの動機について書き進めてまいりたいと思います。それは、昨今の経済状況と読者の皆様の資産についてです。

　資産を守りたいという願いは、万人共通のものだと思います。ご自身が身を削るようにして築いてこられた資産なのですから、当然のことです。しかし、世界の経済、政治といった状況は刻々と変化を続けており、昨日までの当たり前が通用しなくなりつつあるのもまた現実です。

　世界を舞台にコイン売買を続けてきたコインコンシェルジュの私ならではの視点から、最近の経済に対し、鋭く切り込んでまいりたいと思います。

1　世界経済の今

米中の貿易摩擦

　2018年に内閣府がまとめた経済白書に収められている「世界経済の動向」によると、2017・2018年と世界経済はゆるやかな回復を見せているものの、アメリカやヨーロッパ間では、回復の勢いに差があると指摘しています。ただし、この動きは2019年に入ると、若干伸びが鈍るとも予想されています。

　その原因となりそうなのが、アメリカと中国の貿易摩擦です。お互いに追加関税を発動し合う中で、中国経済に陰りが見え始めています。折しも今年の中国の国会にあたる全国人民代表会議（全人代）で、成長目標が6〜6.5％に引き下げられるというニュースが飛び込んできました。

　アメリカの株価も乱高下が続き、先行きはかなり不透明。今のところ、アメリカ国内の失業率は低い状態を保っていますが、もしもこのまま米中の貿易摩擦が長引けば、アメリカ国内の雇用にも影響が出るのではないかという見方も出ています。

しかも、蜜月とまで噂されていた米朝のベトナムでの首脳会談が不調に終わり、北朝鮮はまたミサイルを発射しました。いったんは収束したかに見えた北朝鮮のきな臭い動きに、またも日本は翻弄されてしまうのでしょうか。

　一方、ヨーロッパに目を向けると、イギリスの EU 離脱問題が大きな影を落としています。2016 年国民投票での EU 離脱が決まり、2020 年 1 月 31 日にイギリスの EU を正式に離脱しました。現在まで、EU 離脱における様々な問題が露呈、コロナ禍も重なり、混乱が続いています。

　イギリスの EU 離脱に伴う混乱が、イギリスと EU 双方の経済的リスクとなることは否定できません。

ドイツ銀行の経営破綻の懸念

　また、ここにきてさらに世界経済の今後を左右するかもしれない大きなニュースが入ってきました。ニュースの主は、EU の中心的存在であるドイツです。ドイツと言えば、どなたも EU の中でも抜きん出て経済が安定しているイメージをお持ちなのではないでしょうか。しかし、そんなドイツの経済を揺るがしかねない火種がくすぶっているのです。

　ドイツのコインをご紹介したところでも軽く触れましたが、ドイツ銀行が経営破綻するかもしれないという懸念の高まりです。ドイツ銀行は創業 1870 年と歴史も古いドイツ国内最王手の銀行です。

　ドイツ銀行は、以前より苦境に立たされていると言われていました。株価の変遷を見てみますと、2015 年には 30 ユーロだったものが、最近のデータでは、10 ユーロを切るまでに落ち込んでいます。しかし、近年のドイツ国内の GDP は 1.5 〜 1.6 ％程度と、一定の水準を保っており、失業率も決して高くはありません。

　それなのに、なぜドイツ銀行の危機が囁かれているかと言いますと、その原因はマイナス金利にあるとされています。ドイツ銀行に限ったことではありませんが、マイナス金利の導入は銀行にとって、金利収入の減少につながります。これに加えて、景気の低迷により、投資銀行業務などの手数料収入の減少や高い人件費などが、同行の経営を圧迫して、このような

状況を引き起こしているのです。

　そこに追い打ちをかけたのが、アメリカ司法省による住宅担保ローンの不正販売に対する140億ドルの支払要求です。しかもメルケル首相は、同銀行を政府が支援することはないと明言しています。

　もしもドイツ銀行が破綻したら、どのようなことが起こるのでしょうか？

　リーマンショックを振り返ってみましょう。リーマンショックの引き金となったのは、アメリカのサブプライムローン問題でした。日本はサブプライムローンには、あまり手を出していなかったので、リーマン・ブラザーズが破綻した際もほとんど影響が出ないのではないかと目されていました。

　しかし、リーマンショックをきっかけにアメリカドルが売られ、その代わりに安全資産と言われる円が買われ円高が進みました。その結果、輸出産業が大きな打撃を受けることになり、結果として日本の株価は大きく値下がりしてしまったのです。

　このように、アメリカの投資銀行の破綻が、日本の私たちの生活にも大きな影響を及ぼしたのですから、世界経済の動きには常にアンテナを張っておく必要があると思います。

2　日本経済について

国内消費の低迷続く

　このように世界経済は依然として不透明な状況です。では日本はどうでしょうか？　巷では、2012年12月以降、戦後最長の景気回復が続いているなどと言われていますが、実際のところ、そういった実感を持てない人が大半だと思います。それとも言うのも、賃金がそう上がるわけでもなく、国内消費は相変わらず低迷したままだからです。

　それでは、なぜ日本の景気回復が続いたのでしょうか？　この戦後最長と言われる景気回復は、日本国内の内需によって培われたものではなく、世界経済が堅調であったために、日本の景気が下支えされたと考えられます。特に中国に対する輸出や、アジア圏からの観光客によるインバウンドの恩恵を受けてのゆるやかな景気回復であったと考えられます。

しかし、中国の経済に陰りが見えつつある今、海外の景気頼みである日本経済の好調が今後も続くとは考えにくい状況です。それに加えて、この度のコロナ騒ぎです。日本はもとより、世界規模で経済が停滞することは避けられないでしょう。

　タイミングが悪いことに、2019年秋には、消費税10％が導入され、さらに内需が冷え込んでいます。2020年の東京オリンピックも延期になり、2021年に無事開催できましたが、世界最大級のクレディスイス銀行の破綻、シリコンバレー銀行、シグネチャー銀行、シルバーゲートキャピタルの相次ぐ破綻清算により、信用不安が拡大する只今、日本にとっても決して他人事ではないと思われます。というのは、日本の銀行でもここのところ、人員や店舗の削減といった話題が連日ニュースになっているからです。

　たとえば、三菱UFJは23年度までに国内で約6000人の人員削減、同じく180店舗を削減。みずほは26年度までにグループ全体で1万9000人の人員削減と、24年度までに130拠点を削減。三井住友は19年度末までに国内4000人を削減し、430店舗をデジタル化による効率的な店舗へと移行するとの発表がなされています。

　少子化や人口減、社会構造の変化に対応しなければならないとはいえ、銀行業界の苦悩が見て取れます。

　デジタルマネーの普及も銀行にとっては、頭の痛い話かもしれません。今はまだ、給与支払いにデジタルマネーを用いることは法律的に認められていませんが、厚生労働省は2019年度中にも給与のデジタルマネー支払いを解禁しようとしていました。

　結局、課題が山積しており、先送りされましたが、もしも実現したなら、従来は銀行が独占していた会社員などの給与が、解禁後はIT企業のアプリで受け取りが可能となり、そこから送金や支払いができるようになるはずでした。銀行を介さずに、大きなお金が動くのですから、銀行にとっては悩ましい問題です。

　さて、デジタル時代に銀行はどのような生き残り策を講じるのでしょうか。こうした時代に対応できない銀行がもしかしたら大量に淘汰されてし

まうかもしれません。日本の経済界にも大きな変革の時期が訪れていると言えそうです。

3 日本国の借金

国民1人当たり約1000万円の借金

　耳の痛い話が続いてしまいますが、日本の借金がどれくらいあるのか、ご存知でしょうか？　日本の借金は、すでに約1200兆円を突破しています。これを国民1人あたりの借金に換算すると、約1000万円を超えています。対GDP（国民総生産）比で250％もの金額ですから、赤ちゃんもお年寄りも、すべての国民が2年半、いっさい飲み食いせずに稼いだお金をすべて、借金返済に充てても返済に2年半以上かかる計算です。もちろん、そんなことをしたら、国民みんなが倒れてしまいます。

　ちなみにこの借金の比率は、地球上のすべての国の中でダントツの1位です。かつてデフォルト（債務不履行）騒ぎを起こしたギリシャですら対GDP比178％です。日本の借金がいかに膨大な額であるかわかります。

　なお、この借金の大半は、日本円建ての国債だから、実質の借金ではないと主張する専門家もいます。彼らは、政府と日銀を統合して借金を相殺したり、お金が足りなくなれば、円を印刷すればいいのだと説いています。

　また麻生大臣いわく、「日本の借金というのは、家庭内でお父ちゃんがお母ちゃんから借金しているようなものだ」と説明しております。しかし、私は、家庭内の借金であろうと、外から借りてきた借金であろうと、借金は借金だと思います。将来の世代にこれ以上負担を押しつけないためにも、少しでも借金を減らす努力をすべきではないでしょうか。

怖いインフレの行き過ぎ

　しかも、ことはそう上手く運ぶわけではありません。まず、政府と日銀の統合ですが、法律では日本銀行は、政府機関から独立した立場であると決められています。なぜ日銀が政府機関から独立した立場であると法律に明記されているかというと、日銀には「物価の安定を図り、国民の経済を

健全に発展させる」という役割があります。

　この方針が政府の方針と合致しない場合、政府からの圧力を受けやすくなってしまいます。たとえば、国はインフレに主導したいのに、日銀がそれに従わず物価の安定を目指す場合などです。最近の日銀は、政府との協調姿勢が強く、その方針に従って無尽蔵にお札を印刷し続けています。

　もう1つ、お金が足りなくなれば印刷すればいいという論については、あまりに大量のお金を印刷してしまうと、市場に流通するお金の量が増えすぎて、インフレを引き起こす可能性があるのです。社会が最も安定するのは、ゆるやかなインフレ状態にあるときだと言われています。ですから適度なインフレは、むしろ歓迎すべきものなのですが、怖いのがインフレが行きすぎて歯止めが利かなくなったときです。

　インフレが行きすぎると、ハイパーインフレを引き起こす可能性があり、そうなると国を根幹から揺るがす大事となってしまうのです。

4　ハイパーインフレ

ハイパーインフレとは

　物の値段が上がることをインフレ、物の値段が下がることをデフレと言います。日本はバブル後、長いデフレの時期を経験してきました。ところで、ハイパーインフレという言葉があるのをご存知でしょうか？　実は歴史をひもとくと、「長く続いたデフレの後には、ハイパーインフレが起きる」というのが定説となっています。

　ハイパーインフレとは、明確に定義されているわけではありませんが、たとえば1か月に50%を超えるような物価上昇が起った場合を指します。ハイパーインフレが起こると、その国の通貨の信用が下がり、価値も激しく低下します。つまり国民が持っているお金の価値も下がります。

　2018年、南米の国ベネズエラで、ハイパーインフレが起りました。2017年から2018年にかけてのインフレ率がなんと100万％（国際通貨基金（IMF）による）もの高い数値となってしまったのです。わかりやすく例えると、去年1円で買えた物が、今年は170万円出さないと買えな

161

いということになりますが、なかなか想像しづらいほどの経済の混乱ぶりと言えるでしょう。しかし、これは実際に起きたことなのです。

こうなると、街中から食料や衣料など生活に必要な物が消え、お金は紙くずになってしまいます。しかもこの状態は収まる気配を見せず、IMF は同国の 2019 年のインフレ率が 1000 万％に達すると予想しているそうです。

ベネズエラと言えば世界有数の産油国の 1 つです。1980 年代までは南米でも最も裕福な国として知られていました。それなのに、現在、債務不履行に陥るかと言われるまでの混乱を招いている理由は、政権運営の失敗に加え、原油相場の低迷が原因だとか。いずれにしてもわずか 30 年という歳月で 1 つの国の経済状況はここまで混乱してしまうのです。

実はこのような事例は、過去 30 年間に世界で 40 回近くも発生しているというデータがあります。2008 年ジンバブエ、1992 年ユーゴスラビア、1993 年アルメニア、1992 年ロシア、1990 年ペルーなど。主に 1990 年台前半の社会主義国が多いのですが、意外に数多く発生している印象です。

ハイパーインフレが起こるとき

さて、ハイパーインフレがどのようなときに発生するかというと、国の信頼がなくなったとき、そして、国の通貨に信頼がなくなったときです。

では、日本円はどうなのでしょう。日本円では、ハイパーインフレが起る可能性はないのでしょうか？

これまで日本は、高い技術力に培われた工業生産で世界から信頼を集めてきました。日本産の自動車や家電、オーディオ機器といった品々が Made in Japan（メイドインジャパン）の優れた商品として世界各国から求められていました。しかし、現在の日本の輸出は工業製品がメインではなく、自動車の部品や半導体部品といった工業パーツが主流となってきています。つまり自国主導の物づくりではなく、他国の物づくりのための下請けが主流となりつつあるのです。

自動車など、一部の分野ではまだトータルで製造されているものもあり

ますが、かつては一流の物づくりの国だった日本の凋落ぶりはいうまでも
ありません。工業大国となった中国の陰に隠れて、日本という国そのもの
の印象も弱くなっていることは残念ですが、認めざるを得ない事実です。

　そのような状況の中、世界でも突出した借金を抱えている我が国。日本円
が世界の信頼を一気に失いかねないと思っているのは、私だけの杞憂でしょ
うか。

5　世界各国のドル離れ

ドル離れの流れ

　さて、中国が虎視眈々と世界の覇権を狙う中、日本は相変わらずアメリ
カと協調姿勢をとっています。では、アメリカはこの後も、世界の中心に
居座り続けることができるのでしょうか。トランプ大統領は、自国第一主
義を念頭に、これまで世界の警察を自認してきたアメリカがその立場を辞
めるなど、内向きな政策を次々と打ち出しています。しかしアメリカ議会
は混乱を極め、メキシコ国境の壁建設を巡ってトランプ大統領はついに非
常事態宣言まで発令するほどの事態となっています。

ドル保有国ランキング		
順位	国	単位: 10億USドル
1	中国	3,427.93
2	日本	1,405.75
3	スイス	1,109.82
4	アメリカ	716.15
5	インド	638.48
6	ロシア	632.24
7	香港	496.87
8	サウジアラビア	473.89
9	韓国	463.28
10	シンガポール	425.10

World Bank-Data Indicators　2021 年

金保有国ランキング		
順位	国	金の保有量（トン）
1	アメリカ	8,133.46
2	ドイツ	3,354.89
3	イタリア	2,451.84
4	フランス	2,436.81
5	ロシア	2,326.52
6	中国	2,068.36
7	スイス	1,040.00
8	日本	845.97
9	インド	794.62
10	オランダ	612.45

2023 年 3 月末データ
出典〈WGC〉（ワールドゴールドカウンシル）

このアメリカの求心力の低下は、基軸通貨としての米ドルにも少なから
ず影響を与えているようです。

　これまで貿易など自国の通貨がある国と国の間の取引でも、米ドルを介
して行われてきました。しかし、ここに来て、米国の経済制裁を受けた国々
の間でドル離れが進行しつつあると言われています。

　ロシアは、保有していた米国債を手放しにかかっていますし、また欧州
中央銀行が、外貨準備のうち米ドルの一部を人民元に移したと報じられま
した。

　ちなみに日本は米ドルを1兆2593億ドル保有しています。これは米
ドルを3兆1097億ドル保有している中国についで世界2位の多さです
（wikipedia より）。また、米国債も1兆ドルを超える金額で保有していま
すが、これも中国に次いで世界で2番目に多い額面となっています。

　かつてイギリスポンドが世界の基軸通貨でしたが、それが第二次世界大
戦をきっかけにアメリカドルに取って代わられたように、米ドルもその地
位を失う日が来るのでしょうか。そして、アメリカドルに代わる次の基軸
通貨はいったい何になるのでしょうか。

　今、最も勢いのある国は中国です。ここにきて多少、経済発展に陰りが
見えるものの、他の先進諸国に比べると経済的にも強さを発揮しています
し、政治的にも一帯一路政策を打ち出し、中国西部から中央アジアを経由
してヨーロッパに通じるシルクロード経済ベルトと、中国海域から東南ア
ジア、アラビア半島、アフリカ東岸を結ぶ海上シルクロードを結ぶという
壮大な計画を描いています。中国自体も人民元を基軸通貨にすべく画策を
していると言われています。

　しかし、米ドルに代わる通貨が人民元になるかというと、それは考えに
くいのではないでしょうか。その理由は、中国政治の複雑さと、人民元の
閉鎖性にあります。中国政府が、人民元を厳しくコントロールしている以
上、基軸通貨とはなりにくいのではないかと感じています。

　専門家の中には、次の基軸通貨は人民元だと主張する人もいますが、は
なはだ疑問です。

　では、米ドルに代わって世界の経済を担う通貨は何なのか？

6 金本位制の復活

「金本位制が望ましい」の声

　私は金本位制の復活があり得ると思っています。最近、アメリカ国内では、共和党の議員が大統領予備選で「金本位制が望ましい」と発言するなど、政治家、学者などから金本位制に対する言及が少なくありません。

　過去の歴史を振り返ってみても、1971年ニクソン大統領が突然、ドルと金との兌換停止を宣言したニクソンショックまでは、金が通貨の裏打ちをしていたのです。紙の紙幣を使っていても、いつでも金と交換できるという決まりがあったから、人々は安心して通貨を利用していました。それ以前は、そもそも金貨や銀貨といった価値の高い金属が通貨として使われていましたから、通貨そのものが価値を有していました。

　しかし、紙の紙幣が使われるようになり、ついには金との兌換が停止されてから約半世紀が過ぎ、現在の通貨システムにひずみが出始めています。現在の管理通貨制度のもとでは、金などの裏打ちがないことから自国通貨を無制限に発行できてしまいます。そのため通貨の価値が不安定になりやすいのです。ハイパーインフレが起りやすくなった一因でもあります。

　さて、世界の国々を見渡してみますと、金の備蓄を増やしている国が増えています。中国やロシア、インドといった国々は金を買い増やしています。中国は、実は金の採掘量が世界1位なのです。にもかかわらず、海外から金を購入しているとされています。ロシアも世界3位の金の産出国です。しかし、やはり金の保有量を増やし続けています。そこには、いずれ金が必要になる時代を予測しての国家戦略があるのだと思います。

金保有の疑惑

　世界の国々が有事に強い金の保有を着々と進めている中、我が国、日本の状況はどうでしょうか？　日本が保有している金は約765トン。外貨準備における割合はわずか2.5％にすぎません。さらには、日本が保有している金はアメリカに保管されています。つまり、万が一、金が必要になっ

たとしても自由に取り出して使える立場にありません。

　もう少々恐ろしい話をすると、アメリカが保管しているはずの金は、実は大半が消えてしまっているのではないかという噂もまことしやかにささやかれています。というのも、2009年、中国が受け取った金の延べ棒が偽物だったと発表しました。タングステンという金に比重が似た金属に金がコーティングされたものだったというのです。中国は、通し番号からアメリカのフォートノックスで保管されていたものであると主張しています。

　真実はわかりませんが、ドイツがアメリカに対して金の実物を確認したいと申し入れた際も、セキュリティー上の理由で断るなど、アメリカの態度に世界が疑惑の目を向けています。

金本位制復活の可能性はあるか

　さて、少し話が横道に逸れてしまいましたが、金本位制の復活に話を戻しましょう。なぜ、金本位制復活の可能性があるかといえば、今の通貨システムが破綻しかけているからです。

　印刷機で延々と刷り続けることができる通貨にもはや意味があるとは言えません。

　日本の借金のところで述べましたが、日本政府はもはや借金を減らすつもりは全くないようで、日銀と結託してひたすらお金を発行しています。また、円安に誘導したいという思惑の元に、お金を借りたほうが金利を貰えるという不可解なマイナス金利まで導入しました。

　日本だけではありません。どの国も自国通貨の価値を下げることに必死です。なぜ、どの国も自国の価値を下げることに必死なのかというと、どの国もインフレ経済を目指しているからなのです。インフレ目標の数値は、各国で異なりますが、おおよそ年間2～3％程度です。インフレ目標とは、物価上昇の目標です。簡単に言えば、「自分の国の物の値段を平均して年間2～3％上昇させます」と宣言しているのです。

　さて、物の値段を上げるには、小売りの値段を上げればいいのですが、政府が小売業者に物の値段を上げるように強制することはできません。

ではどうすれば、物の値段を上げることができるかというと、通貨の価値を下げればいいのです。通貨の価値が下がれば、相対的に物の値段が上がります。ただし、あまりにも急に通貨の価値を下げてしまうと、経済が大混乱してしまうために、政府は２〜３％のところで通貨の価値を下げるように手を打っているのです。

ゆるやかなインフレを望む理由

　では、なぜ政府がゆるやかなインフレを望んでいるかと言いますと、企業の収益が増えることと、対外的には輸出がしやすくなることの２点があげられます。

　このうち輸出に関しては、どこの国も同じ思惑で動いており、自国の製品を買ってもらうために、通貨安競争を繰り返しています。

　一方、インフレは物が高い金額で売れて企業の収益が増えれば、労働者の賃金が上がり、お金の循環が生まれます。もっともお金の価値が下がっているので、実際は賃金が増えても生活が楽になるわけではありません。

　日本円の価値が下がっていることに、どれだけの方が気づいているのでしょうか。額面が変わらないために、ほとんどの方は円の価値が低下していることに気づくことなく、「最近、食品や衣類など物の値段が上がって、生活が厳しくなったなぁ」と感じている程度の認識ではないかと私は危惧しています。

　ニュースでは、値上げの話題で「原材料の値上げに伴って」とか「値上げの春」など、まるで定型文句のように繰り返されておりますが、ぜひニュースの上面だけではなく、本質を見抜く目を持っていただきたいと思います。

7　預金封鎖と新紙幣への切り替え

タンス預金のあぶり出し

　2024年に新札が発行されることが正式に発表されました。新元号の発表に続いての突然の報道に、巷では驚きをもって迎えられたようです。し

かし、この度の元号の切り替えについては、好意的に捉えた人が多かったようで、日本人は、新しい物に対して寛容な部分があり、物事の刷新を好意的に受け入れる性質であると、改めて感じた次第です。

新札に対しても、そのデザインについては賛否両論あったようですが、偽造防止やお札関連の機械の刷新から景気刺激策となるのでは、といったメリットを上げる声も聞かれました。

その一方で、タンス預金派からは、両替をしなければならないから、何かと面倒だという嘆きも聞こえてきます。最近、増えつつあるタンス預金のあぶり出しに、新札発行が効果的であるというのは、まぎれもない事実ではあります。

預金封鎖

しかし私どものお客様の中には、もっと切実な危機感を感じられた方もおられました。それは、ご高齢の女性だったのですが、「終戦直後の新札切り替えの際に、財産の9割以上を没収されてしまったことを思い出し、落ち着かない感じがした」と、おっしゃっていたのです。ご本人の結婚のタイミングと重なり、不幸なことに嫁入り道具をほとんど買うことができなかったと過去の苦い思い出を語ってくださいました。

私はその話をうかがって、戦争という非常事態が引き起こした混乱期の出来事ではあるものの、国が国民の資産を没収するなど、一方的に負担を強いることはあってはならないと改めて思った次第です。

私も、少し詳しく調べてみました。1946年、第二次世界対戦後のインフレ時に、新しい円への切り替えが行われ、そのとき預金の引出しに制限がかけられたのです。いわゆる預金封鎖です。当時は終戦直後の物のない時代、国の借金も増え、インフレが進行していました。このままでは国が立ちゆかなくなると荒療治に踏み切ったのです。

1日に引き出せるお金の上限が定められ、期間内に新しいお金に切り替えられず銀行に残ったお金は、なかったものとされてしまいました。それだけではありません。財産税なる税金までが導入され、富裕層に対して最高税率で90％もの高い税金を課したのです。つまり、当時の日本はあの

手この手を使って、国民の資産を没収したのです。

　ちなみに当時の日本の借金は対 GDP 比約 2 倍だったと言われています。今は対 GDP 比 2.5 倍ですから、預金封鎖や紙幣切り替えが行われた当時よりも財政状況が悪くなっていることは心に留めておく必要があると思います。

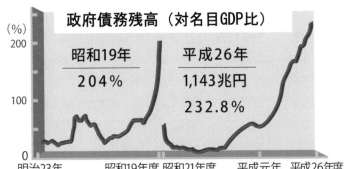

※引用元：NHK 番組『ニュース 9』封鎖預金特集より（財務省調べ）

　つい 2 年ほど前、インドでも新札切り替えが行われました。それまで流通していた 1000 ルピーと 500 ルピーという高額紙幣を、2000 ルピーと新しい 500 ルピー札に切り替えるというものでした。

　このときインド国内は大混乱に陥りました。まずは突然の発表であったことに加えて、当初発表された交換可能な期限が短く設定されていたこと、さらには 1 回に交換できる限度が決められていたからです。国民は、期限までに新紙幣に交換できないと自分の資産が紙くずになってしまうという焦燥に駆られ、銀行窓口に殺到しました。

　この施策を発表したモディ首相は「国内に蔓延している汚職と脱税を根絶やしにすること」を目的としたと主張しています。しかし、その背景には、自宅で高額紙幣を保管している富裕層の資産を白日のもとにさらす意図があったことは間違いないと思います。

　足元ではマイナンバーを預金口座やスマホに紐づける議論もくすぶっていますが、これらが結果的に、事実上の預金封鎖につながらないことを祈るばかりです。

8 あらゆる事態を想定しての自衛策

資産の組み合わせを見直す

　これまで見てきたように、世界は常に流動的で何が起っても不思議ではありません。預金封鎖が行われたときも、国民が全くあずかり知らないところで、計画は極秘裏に進められ、突然の発表に人々は混乱し、翻弄されました。しかし、歴史は繰り返します。その認識を念頭に、ぜひご自身や家族の財産を守るために、備えをしていただきたいと思います。

　では具体的に何をすればいいのでしょうか？

　実物資産として私がおすすめしたいのは、安定して値上がりが続くアンティークコインです。万が一の際に、国内のみならず海外でも換金が可能、しかも物が小さくポケットに入れてすぐに持ち出しができるコインは、資産防衛のために最も優れた実物資産です。アンティークコインをポートフォリオに入れないのは、もったいないの一言です。

　個別にご相談いただければ、コインのみならず皆様の資産づくりのご相談に乗ることも可能です。ここには書き切れなかったより詳しい経済に関する興味深いお話もお伝えすることができます。あなた様の大切な資産防衛のために、ぜひ一度お問い合わせいただければと思います。

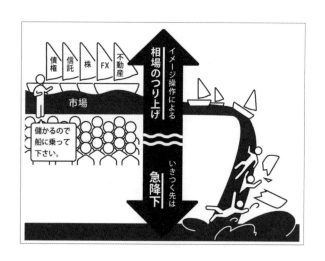

第7章　よい コインショップとは

1 CoinShop 1：こんなコインショップにご用心

あくどい手口でコインを売りつけようとする業者たち

　古くからあるコインショップは、どちらかというとコイン収集家を対象とした品ぞろえがメインでした。しかし、私どものような新興勢力のコインショップは、コイン収集家相手のみならず、投資目的でのコイン収集にご興味をお持ちのお客様にも喜んでいただけるような品揃えを展開しております。

　同業者で情報交換をしていく中で、とんでもない商売をしている悪徳業者の噂をときどき耳にすることがあります。特にここ数年来のコイン投資ブームに乗って、雨後の筍のごとく、コイン売買をする業者が増えてきました。

　もちろん良心的な業者がほとんどではありますが、残念ながら、中にはあくどい手口で、無理やりコインを売りつけようとする業者もあります。万が一にも読者の皆様がこうした業者の被害に遭わないよう、ここでその手口を明らかにさせていただきたいと思います。

①オリジナルの鑑定基準を設けて不当に高い値段で売る

　良心的なコインショップであれば、PCGS や NGC といった第三者の鑑定機関で鑑定を受けたコインを販売しております。ところが中には第三者鑑定機関の等級格付けは全く無視して、自社オリジナルの鑑定基準に基づいた価格をつけて販売していたショップがありました。

　コインのグレードというところでご説明したとおり、同じ種類のコインであれば、グレードが1つでも下のコイン価格はグレードが上のコインの価格を上回ることは絶対にありません。たとえば、61 グレードのコインの相場が 100 万円だとしたら、60 グレードのコインは、必ず 99 万円以下になります。

　しかし、こうした悪質な店舗では、「60 グレードの中でも、とりわけ見た目がキレイなので 61 グレードに相当し、価格は 100 万円が相場となっ

ております」などと、言葉巧みに顧客を言いくるめて、不当に高い値段で売買をしておりました。

　もしもこのようなことを言われたら、その店はお客様にとって不利益な店ですから、絶対に買わないようにしてください。自社の基準で価格を決めているわけですから、世界基準とは合致しません。コインのグレードについては、第三者機関が鑑定した数値のみを信頼してくださいますようお願いします。

②ニセのセミナーを開催しコインを売りつける

　コイン投資が世の中に広まっていくにつれて、もっと詳しく話を聞きたいというご依頼が後を絶たず、コインパレスでもコイン投資に関するセミナーを定期的に開催させていただいております。このようなセミナーでは、通常、コイン投資に関する話や、税制、資産を増やす方法などに関する話が中心となっています。

　しかし悪徳業者の中には、こうしたセミナーを開催すると呼びかけて客を集め、もっともらしく講演を行った後に、「最後に必ず値上がりするコインをご紹介します」と持ちかけます。そして、1枚のコインを紹介した後に、「今、紹介したコインを特別に100万円で販売します」「すぐ値上がりする」「このセミナーに来て下さった方だけの特典」などとプレミアム感を演出して、コインを売りつけようとするのです。

　実はこのコインは通常10万円程度で販売されている、ありふれたコインだったりします。セミナーではさらにたたみかけるように、「本当は100万円のコインをセミナーに来場いただいた記念に、今から10分間だけ30万円で販売します」などと時間を区切って、来場者を煽るケースもあるようです。

　「セミナーでためになる話を聞いた、しかも必ず値上がりするコインが目の前に特別価格で提示されている」となったら、誰でも飛びつきたくなってしまいます。しかも数量限定などと言われたら、隣の客より先に買わねばなどと、欲しくもないコインを買ってしまうかもしれません。セミナーなど、閉鎖された空間で大勢の人とともに講師の話を聞いていると、あた

かも自分も大金持ちになれるかのようなイメージに誘導されてしまいがちです。こうした商法には引っかからないよう、どうぞご注意ください。

③アルコールを提供し判断力をにぶらせる

　落ち着いたシックな空間、ゴージャスな家具、照明を落とした薄暗い店内。まるで高級クラブのようなたたずまいのコインショップ。足を踏み入れると、スポットライトを浴びたまばゆい金貨が飾られています。

　そうした空間に身を置くだけで、人は、どこか高揚感を覚えるものです。もちろん、これだけなら、普通のコインショップです。しかし、こうした空間イメージのみならず、さらにお客様にワインなどのアルコールを提供してコインを売りつけるやり方があるようです。

　もし私が顧客だとしても、コインを選びながら、「当店からの特別なサービスです」とワインを出されたりしても、物が高級品だけに違和感は覚えないと思います。それどころか、（こんなしゃれたサービスをしてくれるなんて、センスあるお店だ）などと思ってしまうかもしれません。

　しかし、これは飲酒によって、顧客の判断力を鈍らせようという悪徳商法の一種なのです。お店の雰囲気に加えて、心地よいアルコールの酔いに、気が大きくなって、予算を超えた買い物をしてしまうかもしれません。

　コインを買うときには、しらふの状態で感覚を研ぎ澄まして選んでいただきたいと思います。

2　CoinShop 2：信頼できるコインショップの見分け方

良心的な業者たちを選ぶ

　コイン業界に限らず、どこの業界でも同じかもしれませんが、やはり一定数の悪徳業者が存在します。まずは、こうした現実があるということを認識していただいた上で、コイン投資に取り組んでいただければと思います。

　もちろん、大多数の業者は日々研鑽に励んで、お客様がコイン投資を通

して、資産を増やして、喜んでくださることを糧に真面目に業務をこなしています。こうした良心的なショップの見分け方をお伝えしたいと思います。

①第三者機関認定業者である

まずは、これにつきるかと思います。世界２大鑑定機関のPCGSとNGCという公的な鑑定機関があります。実は、私どものようなコイン業者は、厳しい条件をクリアすると、これらの鑑定機関の認定を受けることができるのです。

現在、日本にも数社、これらの鑑定機関の認定を受けたショップがございます。

私どもコインパレスも関西では唯一、PCGSとNGC両方の認定ディーラーの資格を有しております。この資格を得るためにいくつか厳しい条件があるのですが、中でもハードルが高いと言われているのは、同業他社、３社からの推薦を得ることです。

同業者と言えば、ライバルという立場。なかなか協力してはいただけないのではと危惧していたのですが、そこはコインを愛する立場の者同士、快く協力していただくことができ無事、PCGSの認定ディーラーの資格を得ることができたのです。

NGCも同様に、やはり認定ディーラーの資格を得ることは簡単なことではありませんでした。当初はPCGS認定ディーラーの資格のみを取得しておりましたが、少しでもお客様に安心をご提供できるよう、最近になってNGC認定ディーラーの資格も取得いたしました。

PCGSと言えば、世界的に最も鑑定基準が厳しいといわれている機関です。それゆえに、鑑定を受けるならば、PCGSでとおっしゃる方のほうが断然多く、一度NGCで鑑定を受けた後でも再度PCGSで再鑑定を依頼なさるお客様もいらっしゃるほどです。

逆に言えば、PCGSとNGC、両方の鑑定を受けているコインであれば、真贋保証がさらに確かなものになるとも言えるのです。

ところで、これらの機関が何より大切にしているのは、顧客からの信頼

です。万が一にも、認定ディーラーが不祥事を起こしたとあっては、鑑定機関そのものへの信頼だとて揺るぎかねません。ですから、認定ディーラーの資格を得るためにも、ライバルである同業他社からの信頼を得られるだけの公正な取引をしているかどうかということまで要求されるのだと思います。

　今やコインの世界において、PCGS と NGC の鑑定は世界のスタンダードとして確たる地位を築いております。世界レベルで通用するコインの売買をお考えなら、この2社いずれかの鑑定を受けたコインを選ぶべきであると言えるでしょう。

②古物商の免許を取得している

　アンティークコインを販売する場合には、古物商の免許が必要となります。もしも免許なく販売などを行った場合は、「3年以下の懲役または100万円以下の罰金」が課せられることになっています。

　ところで、古物商の免許は、どこで発行されるかご存知でしょうか？実は地域の警察です。警察内でも公安委員会が管轄をしています。商業関係の免許なのに警察というのは、不思議な感じを受けられるかと思います。

　なぜ、古物商の免許が警察で発行されるかというと、一説にはコインに限らず絵画や陶磁器の古物というものには、盗難などの犯罪が関わることが多いからだとも言われています。万が一にも盗品が持ち込まれ、その売買を未然に防ぐためにということもあるのかもしれません。

　きちんとこうした公的な許可を取って営業をしているショップなら安心です。自社のホームページに古物取り扱い免許のことを表示してあるかどうかを確認してもいいですし、また都道府県によっては、ホームページで古物商の免許を持っている業者を一覧で表示しているところもあります。

　顧客側が購入しようとしているショップがきちんと古物商の免許を持っているかどうかを公的な機関の情報により確認することが可能なのです。

③社長自ら積極的に接客を行っている

　前記の②は、資格や許可という例えるなら、ショップの外見に関することでしたが、ここからはショップの運営という内面に関することをお伝えしていきたいと思います。

　まずは、お客様が対面することになるスタッフについて。コインショップを訪れた際に、いくら内装がきれいで掃除が行き届いていても、コインのことを聞かれたスタッフが、要領を得なかったとしたらお客様としては、ガッカリします。こんな店でコインを買っても大丈夫だろうかと不安にかられるのではないでしょうか。私がおすすめしたいのは、経営者自らが店頭に立って、接客をしているお店です。

　なぜなら、経営者というものは、コインに関する専門知識はもちろん、お客様の資産を増やすための方法など、そのショップにおいて最も豊富な知識を有する人材だからです。そうした立場の人間が、積極的に顧客とコミュニケーションを取ろうとしているショップは、まず間違いありません。

　反対にいつ訪れても、社長は不在。店内にはスタッフばかりとなっているお店は要注意です。コインショップに限らずですが、会社が軌道に乗ると、本業よりも高級外車を乗り回したり、毎日ゴルフ三昧だったり、昼間から高価なフレンチレストランで美食を楽しむといった富を得たがゆえの誘惑に負けてしまう経営者がまれにいます。

　こうした経営態度では、日々めまぐるしく移りゆくコイン業界において、今、必要な情報を手に入れているとはとても思えません。店舗経営という観点から見ても、すべてスタッフ任せというのは、不安要素にしかなり得ません。

　信頼に足りるショップとは、経営者とスタッフの間の情報共有がスムーズに行われ、お客様のニーズをしっかりと把握した上で、よりよい提案を行える、そんな経営を行っているお店だと思います。

　また、にわかコイン商と言われるように、本業はそこそこに片手間でコイン商を営む会社もあるようですが、多角経営の難しさ、怖さは有能な経営者の皆様でしたら、おわかりのことと存じます。

第8章　コインパレスの履歴書

1　私がコインに興味を持ったきっかけ

伯父からもらったインドネシアの硬貨

　私がコインに興味を持ったのは小学生の頃のことでした。当時、伯父がインドネシアに在住しており、帰国した際には現地の硬貨を土産として渡してくれていたのです。外国の古びたコインの持つ、神秘的な雰囲気に心ひかれたことを今でもよく覚えています。あれから長い月日が流れ、私のコイン収集歴は既に 40 年以上となっています。今、私は神戸の街を見渡せるショールームで、数多のコインに囲まれてお客様とアンティークコインの橋渡しをさせていただいております。

　子どもの頃に魅せられたアンティークコインを今、こうしてお客様におすすめする立場になっていることに不思議な縁を感じずにはいられません。しかも、ありがたいことに、コインパレスをご利用くださったほとんどのお客様が、リピーターになってくださっています。コインを愛する 1 人の人間として、アンティークコインを気にいってくださるお客様が 1 人、また 1 人と増えていく、こんなに嬉しいことはありません。

　アンティークコインは、美術品として身近に置いて楽しめるだけではなく、実物資産として、資産形成にお役立ていただける一挙両得の宝物です。

　さて、この章では私がコインパレスを立ち上げるまでの経緯と、コインパレスが多くのお客様にご愛顧いただいている理由を私なりに分析してまいりたいと思います。

2　コインパレスが選ばれる理由

コインパレスが心がけていること

　私は、コインの素晴らしさを 1 人でも多くの方に知っていただきたいとの思いから、コインコンシェルジュを名乗っております。コインコンシェルジュという資格があるわけではなく、ホテルにコンシェルジュがいて、お客様のご要望に何でも対応するように、コインのことなら何でもご相談

いただきたい、そんな思いから名乗らせていただいている次第です。

　多くのお客様にご愛顧いただいているコインパレスのご説明をいたします。コインパレスの運営にあたり、私にはいくつか心がけていることがございますが、最も大切にしているのは、「信頼」です。高額な物を販売しているわけですから、お客様に安心してお買い求めいただけるよう信頼の構築には、最も力を入れています。

　「信頼」していただくために、お客様に対して、本物しか販売しないことは当然のことですし、コインのことはもちろん、世界経済や日本の先行きについても、日々勉強を重ねております。企業として税金ももちろんしっかり納めておりますが、近頃、国税局の方から税務の関係で押収されたらしいコインやメダルの鑑定を依頼されることが増えてきました。これも国税局と信頼関係があるゆえのことと、少々誇らしく思っております。

　おかげさまで一度、コインパレスでコインをお買い求めいただいたお客様のほとんどの方がリピーターとして、二度三度とご購入してくださいます。これは私には何よりありがたいことです。それはコインを売って終わりではなく、販売してから、お付き合いが始まると思っているからです。

　コインパレスがなぜお客様に選んでいただけるか、分析してみました。

経費を抑えてお客様に販売価格で還元

　これはコインパレスにとって最重要事項です。なぜなら、コイン投資である以上、少しでも安く買って高く売るのが鉄則だからです。お客様に投資としてのすばらしさを感じていただけるようコインの価格は、可能な限り抑えてご提供しております。

　コインをリーズナブルにご提供できるのにもきちんとした理由があります。ムダな広告宣伝費をかけない、人件費を極力抑えるといった企業努力はもちろんのこと、さらに、私どものショールームは新神戸駅から徒歩４分という好立地にありながら、地方都市の為、賃貸費もリーズナブルに押さえることが可能なのです。

　たとえば、銀座の一等地に店舗を構えていたり、従業員を何人も雇っている場合は、その分の経費がコインに上乗せされています。

コインパレスでは、そのようなムダを省いて、他店より少しでもお安くコインをご提供できるよう努力をしております。他店の価格と比較していただければ、おそらくご納得いただけるかと思います。

コインの知識をベースに資産形成にも尽力できる

コインコンシェルジュを名乗っている以上、あらゆるコインに関する情報をお客様に提供できるのは当然のことです。コインパレスの場合は、さらに値上がりが期待できるコインをご提供することが可能です。

昨今、コイン投資がブームになったこともあり、希少コインの入手が困難になりつつあります。しかし、コインパレスでは、現地のバイヤーとの連携のもと、オーナーとの直接交渉やオークションなどを経て、お客様がご希望されるコインを確実にお手元に届ける体制が整っています。

『ウナ＆ライオン』といった人気の高い希少コインの販売実績も豊富なコインパレスならではの強みと言えるでしょう。

また、コインだけに留まらず、コイン投資を通じての資産形成へのコンサルティングも行っており、大変ご好評いただいております。コイン投資がなぜ資産形成に役立つのか、本文でもご紹介してきましたが、お客様個々の資産状況などにより、さらに有益な情報もご提供できますので、ぜひ個別にご相談いただければと思います。

私は実父が、調剤薬局チェーンを経営している関係もあり、多くのお医者様とお付き合いさせていただいております。こうした医師の先生方から、資産形成と子や孫への資産の引き継ぎについて、ご相談いただく機会が少なくありません。アンティークコインの売買のみならず、資産運用にまで踏み込んだお話ができるのは、コインパレスの強みだと自負しております。

ちなみに私は 40 代です。ご高齢のディーラーが現役で活躍されているコイン業界においては、若い世代に属しています。そのためか、先日とあるお客様から、「安井さんはまだ若いから、安心して後のことを託せる。

自分の子や孫の世代までぜひ面倒をみてやってほしい」と長期に渡っての
お付き合いを示唆いただく、ありがたいお言葉を頂戴いたしました。

　実は、私自身、これまではそのような視点は持っていなかったのですが、
お客様の大切な資産を長期的視野に則り育てていくためには、ディーラー
側にも長くお付き合いさせていただけるだけの気力や体力が必要なのだと
改めて勉強させていただいた次第です。

PCGS および NGC 認定ディーラーである

　コインパレスは関西地方で唯一の PCGS および NGC 認定ディーラーで
す。本文中でもご案内したとおり、PCGS と NGC は、世界標準のコイン鑑
定機関です。認定基準が厳しく、コインについたわずかな傷やかすかな汚
れすら見逃さない厳しい中立の機関である PCGS および NGC に認定ディー
ラーと認められた企業は、日本国内にまだ数えるほどしかありません。

　PCGS 認定ディーラーの資格を得ることは、会社を立ち上げてからの大
きな目標の1つでしたから、知らせを受けたときは夢の1つが叶ったとい
う嬉しさと同時に、その責任の重さに改めて身が引き締まる思いがしたも
のです。

　その後、よりお客様に貢献したいとの思いが高じて、NGC 認定ディーラー
の資格も遅れて取得いたしました。ありがたいことに、世界の2大鑑定機
関である、両機関から認定ディーラーの資格を得たことで、お客様にさら
に安心していただけるのではないかと思っております。

　PCGS および NGC 認定ディーラーは、本物のコインだけを取り扱うこと
はもちろんですが、その財務状況なども厳しくチェックされます。コイン
パレスは PCGS と NGC からお墨付きをいただいたディーラーとして、確
かな品質のコインを皆様にお届けできるようこれからも企業努力を続けて
まいります。

眺望のよい開放感あるショールームに数多くのコインを展示

　コインパレスの強みの1つが、日本最大級のショールームを持っている
ことです。

アンティークコインは、価格にして100万円以上が当たり前という高額な買い物です。やはり、ただ写真が表示されているだけのネットで買うのは、怖いとおっしゃるお客様が多いのも当然のことと言えるでしょう。それだけの高い金額を支払うからには、本物をご自分の目で確かめてご納得の上で、購入いただけるのが一番だと思っております。

　もっと言うなら、ショールームを持たずに、コインを販売してきたこれまでのコインショップの営業方法が適切だったのかどうかと考えずにはいられません。あるいは、ネット上に不鮮明なコインの写真を掲載しているショップなどもありますが、多くの方は、そのような写真を見て、ワンクリックだけで購入することに躊躇されるのではないでしょうか。

　たとえば、数百万円の車を買うときに、カタログだけを見て購入を決める人は少ないと思います。車のショールームに出かけて、実物を見たり、試乗したりした上で購入を検討するのではないでしょうか？

　同じ程度の金額、あるいはさらに高価なコインとて同じことが言えると思います。

　私どものようないわゆるコイン界の新興勢力と呼ばれるディーラーたちは、お客様の視点に立った営業からスタートしています。ディーラーが売りたいコインではなく、お客様に選んでいただき気に入っていただいたコインの販売、お客様の資産を増やす可能性が高いコインの情報提供など、後進だからこそ、今までの概念を取り外した新しいサービスを提供させていただける、そんな自負があります。

　ショールームには、数多くのコインが並んでいるので、お客様は、コインの違いを見比べたり、思っていたコインとはまた別の素晴らしいコインとの出会いといったものもあります。お客様の立場に立って考えるなら、ショールームは絶対に必要だと言えるでしょう。

　実際、「この素晴らしいショールームがあるから、コインパレスさんでお願いしている」とおっしゃってくださるお客様も少なくありません。コインを目で確かめられるという安心感もさることながら、弊社のショールームにお越しいただくのを楽しみにされているという嬉しいお声も頂戴しております。なぜ、お客様が足を運ぶのを楽しみにしてくださっている

のか、その理由をいくつかご紹介いたしましょう。

　第1の理由はずばりロケーションです。コインパレスのショールームは、新神戸駅のほど近くにそびえ立つ複合文化タワー神戸芸術センターの30階にあります。高層階のワイドな窓から見渡す神戸港や神戸市街の景観は、圧巻です。前著を発刊した際は、まだ下層階の今より狭いスペースを使用しておりましたが、お客様から賜るご要望にお応えする内に自然と取り扱い枚数が増え、さらに上階の広いスペースへと移転しましたが、何1つ遮るものなく、神戸の街並みや港の様子が一望できるのです。

　第2の理由は、ショールームの明るさです。大きな窓からは、太陽の光がたっぷりと差し込みます。コインをご覧いただく際も、暗い部屋で照明の明かりに頼るのではなく、自然光のもとでご覧いただくことが可能です。また、壁面には多数のコインが展示されておりますが、自然光に照らされて黄金色に輝く壁一面のコインコレクションは圧巻です。

　このショールームは、お客様のプライバシーを守るため、完全予約制となっておりますので、心ゆくまでじっくりとコインと向き合っていただけます。また、資産などの他聞をはばかる話題もコインパレスのショールームでなら、安心して話を伺うことが可能です。

これまでご来店いただいたお客様からも、当店のショールームには、好意的な感想を多くいただいております。実物を見た上で、購入を検討したいというお客様にもお喜びいただいておりますし、ネットショップとは違って、実店舗があるから信頼できるというお声も頂戴しております。

コインコンシェルジュでありながら、このようなことを申し上げるのもいかがなものかと思いますが、ショールームからの神戸の眺めをご覧いただくだけでも損はないと思います。ぜひ一度、足を運んでみてください。

最後にもう1つだけ、弊社シュールームのセキュリティについてお伝えさせてください。警備会社ＡＬＳＯＫ（アルソック）の系列企業が運営している建物ですから、防犯体制は万全です。どうぞ、安心してご来場ください。

イギリスコインを中心にした日本最大級の品揃え

コイン業界において、イギリスコインのことならコインパレスと定評をいただいておりますが、古い物では1600年代のアンティークコインからエリザベス女王の各種モダンコインまで、評判にふさわしいコレクションを揃えております。

希少価値の高いコインは、出展するそばからお買い上げいただきますので、ショールームに展示する期間は短くなりがちですが、それでも発行数わずか数十枚のコインなど他では目にかかることができない超希少コインも揃えております。

冒頭でも自己紹介させていただいたように、世界で最も美しいコインと名高いウナ＆ライオンも、これまで国内で最も多く手掛けてまいりました。

ここで私がどのように希少なコインを手に入れているか、その内実を暴露したいと思います。多くのお客様は、私がオークションなどで名品コインを入手しているとお考えのようです。

もちろん、ご想像のとおりに、オークションで入手する場合もありますが、一番多いのは、現地イギリスの富裕層の方々に直接、交渉を行うというケースです。

なぜなら、オークションでは、落札を狙うライバルたちとの駆け引きが

1839年 ヴィクトリア女王5ポンド金貨 ウナ＆ライオ
ン PCGS PR64DCAM

1937年 ジョージ6世5ソブリン金貨
PF63CAMEO

あり、どうしても金額が釣り上がる傾向にあります。名品や希少な品ほど、その傾向は強まります。

　しかし、コインは安く買って高く売るが、原則ですから、少しでも安くお客様に提供する必要があります。そのためには、持ち主から直接買いつけるのが、一番なのです。

　もちろん、縁もゆかりもない東洋人に、家宝とも言うべき希少なコインを喜んで譲ってくれるという富裕層の方は少ないのが現状です。祖父から親へ、そして自分へと受け継がれてきた大切な資産です。生活に困窮していなければ、何ら手放す理由などないのですから、それも当然です。

　しかし、そういった富裕層の方々に、日本でイギリスのコインが人気であること、日本にコイン投資という文化を根づかせたいことなどをご説明し、地道に信頼を得ることで、他では絶対に手に入らないような希少なコインを託していただくことができているのです。

　いいコインが少なくなってきているという人たちは、こうした努力をすることなく、ただ漠然とコインを売っているのかもしれません。しかし、私は、1人でも多くのお客様に喜んでいただくために、世界各国のコインオーナー様と連絡を取っています。ですから、ここだけの話ですが、私はどのオーナー様がどういったコインをお持ちなのかも知っています。

　現地にいる複数の専属バイヤーと綿密に連絡を取り合いながら、お客様に喜んでいただくために希少なコインの入手に力を入れております。

　在庫を持たずに紹介料だけで運営している片手間ディーラーもいるよう

ですが、弊社では、苦労を経た末に集めた魅力的なコインの数々をいつでもお客様にご覧いただくことができるのです。

　イギリスのアンティークコインなら、コインパレスと覚えていただけるように、これからもアンティークコイン市場の開拓に邁進いたします。

鑑定ランクの高いコインのみを扱う

　アンティークコインの世界においては、鑑定ランクの高さは最も重要なポイントです。鑑定数が少ないものですと、鑑定ランクが1下がっただけで、値段が半額になってしまうことも少なくありません。

　それはなぜかと言うと、鑑定ランクの高い物の数が少ないからです。年月を経た味わいもアンティーク品の魅力ではありますが、ことコインにおいては、傷や汚れの少ない物ほど、鑑定が高くなりますし、それに応じて金額も高くなります。

　世界中でイギリスコインの人気が高まる中、鑑定ランクの高い品を揃えるのは至難の業ではありますが、これまでの人脈や地道に築いた現地との信頼関係を軸に、設立当時の私ですら想像も及ばない、また他店では見られないような鑑定ランクの高いコインを取りそろえております。

　こうしたコインの数々は、ホームページでもご紹介しております。神戸のショールームに足を運んでいただければ、鑑定ランクの高い品ならではの美しい輝きにきっとご満足いただけることと自負しております。

コイン選びから売却までをトータルサポート

　コインパレスでは、コイン選びからご購入、そして数年保持していただいた後の売却までしっかりサポートいたしております。

　一般的なコインショップの場合、コインを売ればおしまいとなるパターンが多いのですが、コインパレスではお客様の資産づくりという観点でも業務を行っているので、売却時のご相談や、値上がり後の売却にも、きっちり取り組ませていただいております。

　コイン選びに関しては、弊社のイギリスコインの品揃えには、定評がございますし、「こういったコインが欲しい」というご要望がございましたら、

広い人脈を用いて、ご希望に応じたコインをお探しすることも可能です。

　たとえば、ネットなどを通じて、海外で販売に出されているコインを購入したいが、輸入の方法がわからないとお困りのお客様には、弊社で輸入代行も行っておりますので、お気軽にご相談いただければと思います。

　また、オークション代行サービスも承っておりますが、こちらのサービスもお陰様で好評です。お名前を公表することは叶わないのですが、誰もがご存知の著名な方の代行もさせていただいております。

　実はご自分がコイン投資をしていると知られたくない著名人の方というのは、意外に多く、そのような方々が口コミで次々に私のところへと、オークション代行を申し込んでくださっているのです。

　売却される場合は、お客様ご自身でオークションに出品していただくこともできます。ご要望くだされば、コインパレスで代理出品させていただくことや基本的にコインパレスでお買い求めいただいたコインに限りますが、手軽な方法として当店のショールームでの委託販売も可能です。お客様のご希望価格に、当店の手数料を上乗せさせていただいた上で、展示販売をお受けしています。

　このサービスを初めたきっかけは、「オークションで売りに出したコインを予想よりもずっと安い価格で落札されてしまった」というお客様のお嘆きの声でした。オークションでは、思ってもみない安値で落札されても、文句を言ったり、取引をキャンセルしたりできません。

　安値での落札を避けるために最低落札価格を設定することも可能ですが、落札されなかった場合には、ペナルティーとしてディーラーに手数料を払う必要があります。

　こうしたお客様にとっての不利益を解消しようとはじめたのが、弊社の委託販売です。弊社では、こうしたペナルティーなしに最低落札価格を設定することが可能ですし、売れないと思ったら、途中で価格を下げることもできます。もちろん無期限でお預かりさせていただきます。

　ここだけの話ですが、弊社のショールームが入っているのは、綜合警備保障アルソックのビルと盤石の警備体制であることから、コインの保管目的で、弊社にコインを託されるお客様もいらっしゃるほどです。目的はど

うあれ、お客様にお預けいただいたコインは、適切な温度や湿度管理と万全の防犯体制でしっかりとお守りいたします。

　また、同時に、少しでも高く販売できるようコインパレスでは、様々な情報を提供させていただいております。特に顧客の皆様がスマホなどで、自由にコインの販売を行えるシステム「コインプラザ」が完成しているのでご確認ください。

　コインのことや資産についてのご相談は、日本全国どこでもお伺いしております（ただし最近は、ありがたいことに打ち合わせのご予約を多く頂戴しておりまして、場合によっては、少しお待ちいただくケースもあることを予めお断りさせていただきます）。

　さらに関東方面のお客様とのお付き合いもどんどん増えてきておりまして、東京出張は頻繁に行っております。また、2020 年の 4 月には古物営業法が改正になりましたが、これを契機に東京に支店を開設する計画もございます。関東方面のお客様もどうぞお気軽にお声がけください。

世界最大級の金融グループ UBS 銀行・クレディスイス銀行と取引がある

　コインパレスのメインバンクは UBS 銀行です。UBS 銀行はスイスに本拠がある世界最大級の金融機関で、プライベートバンク部門では、世界最大の資産を管理しています。

　またクレディスイス銀行は、1856 年、スイスで設立された歴史ある銀行です。こちらも世界最大規模の金融機関で世界各国で事業を展開しております。

　海外での買いつけなどに対応すべくコインパレスは、ワールドワイドに展開する大手金融機関に資金を預けておりますが、UBS 銀行やクレディスイス銀行と取引があることで、海外の取引先にも信用してもらいやすいメリットもあります。何より、お客様にコインパレスで安心してお取りいただけるための判断材料の 1 つとなっています。

コイン売買の新しいカタチを「アプリ」でご提案

　かねてより多くのお客様から、「気軽に安心して、コインの売却を行う

ことはできないか」とのご相談をいただいておりました。ヤフオクは偽物が多いし、メルカリはあまりにも出品点数が多すぎる。

　かといって、本格的なオークションに出品するのはハードルが高いなど、様々なお客様の売却に対するお悩みを解決すべく、私どもコインパレスでは、アンティークコインの売買に特化したアプリを、この原稿の執筆と同時平行で開発を行っておりました。

　アプリの名前は「コインプラザ」。ワンタッチで、アンティークコインの売買ができる優れもののアプリです。

　ぜひ1人でも多くの皆様にご活用いただき、アンティークコインの売買がもっと気軽にできる環境を整えてまいりたいと思っております。そして、コイン愛好家の裾野がさらに広がれば、こんなに嬉しいことはありません。

　他のネットオークションとの違いは、お客様から厚い信頼をいただいておりますコインパレスが主催しているという点です。

　コインパレスの顧客の皆様同士でのやりとりが基本となりますから、出品されている品物の真贋についてはご安心いただけるものと確信しております。

今後の新しい展開

　コインパレスでは、コインを愛する皆様のために様々なプロジェクトを展開していきたいと構想を練っております。

①「ウナ＆ライオンクラブ」

　イギリスコインの名品「ウナ＆ライオン」を所有されているオーナー様同士の交流を目的とした「ウナ＆ライオンクラブ」の設立を計画しています。

　事業内容としては、年に1回定例会議を開催し、その場において、弊社からは、オークションなどの市場価格から判断する価格推移の動向や、鑑定枚数の推移などをご報告させていただきます。

　「ウナ＆ライオン」は、コインコレクターなら誰もが必ず手に入れたいと望む、アンティークコインコレクションの最終目的地とも称される価値あるコインです。ほとんどの方が手に入れた後は手放そうとはされません。それほど世界を魅了し、価値の高いコインですから、それも当然のことだ

と思います。

　しかし、あくまでご自身の資産の一部でもあるのですから、生涯手放すつもりがなくとも、市場価格の推移を把握しておかれて損はないはずです。そして、さらにはこのクラブをオーナー様による「ウナ＆ライオン」のお披露目会としてもご利用いただきたいと考えているのです。

　実は「ウナ＆ライオン」にも髪飾りにちょっとした違いがあるなど、様々なバリエーションがあることはご存知でしょうか？　様々なデザインのコインを細かく見比べたり、ウナ＆ライオン談義に花を咲かせていただいたりと、オーナー様同士の交流を育む場になればと考えております。

　弊社でご購入以外のオーナー様も大歓迎です。「ウナ＆ライオン」のオーナー様はぜひご連絡ください。ご売却をお考えの方もご相談ください。

②コイン博物館

　私自身、コインを愛するコレクターの１人として、コインをずっと眺めていても一向に飽きることがありません。アンティークコインの持つ、不思議なオーラに癒やされて、元気をもらうことができるような気がします。

　幸いにコイン売買を生業としておりますので、弊社のショールームでは、たくさんのコインに囲まれて幸せな時間を過ごしておりますが、この愉しみをぜひ全国のコインファンの皆様にも味わっていただきたく、弊社のホームページ内に「コイン博物館」をオープンすることにいたしました。

　弊社が所有してるコインの名品の数々やこれまで販売したコインに加えて、お客様が所有されているコインのお写真も掲載したいと考えております。パソコンやスマホで、この博物館を開けば、お目当てのコインがいつでも見られる、コインのことを調べたい、そんな目的でお気軽にご利用いただければと考えています。

　この事業にご賛同いただける名品コインのオーナー様はぜひ掲載をご検討ください。もちろん個人情報は厳重に秘守いたしますので、その点についてはご安心ください。

③コイン価格をもっとオープンに

　アンティークコイン投資のおすすめポイントの１つに、市場価格が把握しやすい点が挙げられます。海外の物になりますが、毎年、コインの価格

を掲載した冊子が発行されているので、買いたいコインの価格はその冊子で確認ができるからです。

　しかし、一般のお客様にとっては、まずその冊子を入手するのが大変です。入手しても膨大な英語で書かれたデータの中から、該当のコインを探すことは少々難しいかもしれません。

　そこで、コインパレスでは、今後どなた様にもわかりやすく、コインの市場価格をお知らせするサイトを開設しようと計画しております。市場価格がわかれば、購入時はもちろんのこと、保有しているコインの売り時の目安としてもご活用いただけます。

　もちろんこれは、市場価格に手数料を加えた最低価格でコインをご提供しているコインパレスだからこそできること。そもそも、私がこのようなサイトをつくろうと思い立ったのは、市場価格とかけ離れた法外に高い値段でコインを売る業者が後を絶たないからです。コインを高づかみしてしまうと、市場価格が追いついてくるまで無駄に長く所有しなければなりません。一度、お客様にそのような不利益を感じさせてしまうと、もうコインなんて買わないと不信感を抱かれてしまうことでしょう。

　今、日本にようやくアンティークコイン投資が根づきかけているところです。市場価格を明確にすることで、安心してコイン投資をお楽しみいただきたい、そんな思いが根底にございます。

3　コインパレスの成り立ち

　これまでアンティークコイン投資について、様々な情報をまとめてお伝えしてまいりました。そして、コイン投資の素晴らしさについて拙いながらも、なんとか皆様にその魅力をわかっていただけるよう努めたつもりです。

　とはいえ、アンティークコインもお安くはない買い物。コインパレスを安心してご利用いただくために、最後にこのコインショップの成り立ちを記してみたいと思います。

　私がどのような思いでコインパレスを立ち上げたのか、そして1人でも多くの方にコインを通じて幸せになっていただきたいと思っている理由などもお受けとめいただけましたなら幸いです。

人生の扉

　人生にはいくつもの壁が立ちはだかります。社会で成功している方々も、決して順風満帆だったわけではなく、いくつもの壁を乗り越えたり、壁に穴を空けたりして乗り越えてこられた方ばかりだと思います。よく「神様は乗り越えられない壁は与えない」などと言いますが、私の人生に立ちはだかった壁もなかなかにハードな物でした。

　しかし、私には幸運なことに壁に扉があることを教え、導いてくれる恩人と出会うことができました。そのような方々に恵まれて今の私があることを身に染みて知っています。これまでたくさんの方々から恩を受けた分、今度は私が誰かのお役に立ちたい。これが私が起業した一番の理由です。

　コイン投資という新しい投資法で、1人でも多くの方のお役に立てればこれ以上の幸せはありません。

　まずは、私の幼少期に立ちはだかった大きすぎる壁について、お話を進めてまいりましょう。

厳しかった父

　子どもの頃から社会に出るまでの間、私の目前には常に雄大な壁が立ちはだかっていました。それが実父の安井将美です。父は、株式会社関西メディコの代表取締役社長として、今も医薬を通じて社会に貢献しております。この父の背中こそが、私が乗り越えられない壁でした。

　戦後の物のない時代に貧しい生活を余儀なくされた父は、アルバイトのかたわら勉学に励みつつも大学に進学することは叶わず、家族のために働きつづけたそうです。30歳で起業した父は、持ち前のバイタリティと精神力の強さで奈良および京都南部で約60もの店舗を構える保険調剤専門チェーンのサン薬局を展開するに至りました。2014年の野村證券の記録によると、調整薬局ランキングにおける営業利益率は全国1位となっています。

　立志伝中を地で行くような父の姿を尊敬しつつも、将来、自分が跡を継いで、父と同じように経営の舵取りができるのかどうか、幼い頃から私は、常にそんなプレッシャーと戦っていました。

男らしくあれと父にすすめられるままに学校では、ラグビー部に所属したりしましたが、本来は体を激しくぶつけ合うスポーツよりも、アートを見たり、本を読んだりなど文化的な生活を好むのが、本来の私であったと思います。それでも父の望むように、強い肉体と精神力を持たねばと、父の理想に自分を近づけるよう精一杯努力は重ねました。

　しかし、本来の自己を押し殺したまま、無理やり父の理想に近づけようとしたことで、今思い返してみると、当時の私は、どこかにひずみを抱えていたのかもしれません。ともあれ、たくましい肉体に強い精神を宿して社会の荒波へとこぎ出していった同じ部の仲間達と同様、私も無事、大学を卒業し社会への扉を開けたのです。

社会人としての扉

　大学卒業後に初めて勤めた商社は新神戸にありました。この企業にお世話になったのは「一度は他人の釜の飯を食うように」という父のすすめでした。この父の計らいが私の後の人生に大きな影響を与えることとなります。

　そこで出会った同社のＹさんとおっしゃる社長が、私にとっての人生の師となりました。社会人としての扉を開いてくださったのみならず、今の私につながる人生の第二の扉へも導いてくださった恩人なのです。

　Ｙ社長の教えは、仕事のみならず人生において、今も私の処世訓となっております。たとえば「人とお会いしたらまず感謝から入ること」「お礼は必ず３度言うこと」「人には心からお仕えするように対応すること」など、人としての心構えを授けてくださいました。

　人に言うだけではなく、Ｙ社長は自らの言葉通りに行動される方でした。すべての社員を家族のように大切にし、社員寮に差し入れをされるなど心を配ってらっしゃいました。ですから会社自体も、温かい雰囲気でとても過ごしやすい職場環境だったのです。新入社員であった私にも一から色々なことを教えてくださいましたが、なぜか特に私は目をかけていただきかわいがっていただいたという記憶があります。

　しかも経営においては、信賞必罰を旨とし、社員に言うべきことはしっかり指摘してくださいました。また、Ｙ社長は経営者として独特の勘、優

れたセンスをお持ちでした。

　たとえば、私が真夏の催事で売れなくて困っていた1着2000万円という高額のコートをY社長の指示でディスプレイした直後に、売れてしまうような不思議な出来事が頻繁にあったのです。神業としか思えず、驚く私にY社長は「安井君、世の中の出来事はすべて偶然ではない、必然なんだよ」と温厚な表情で諭すようにおっしゃったのです。

　Y社長は社会人として歩み出したばかりの私にとって社会の父親のような存在でした。こういう人徳と経営手腕のある方の下で働けたのは、私にとって幸運以外の何物でもありませんでした。

　当時私はアパレル担当として、ネクタイや婦人服、ベビー服などの販売担当で、接客をするうちに物販の楽しみを知りました。どの洋服がいいか悩んでいらっしゃるお客様に、私がご提案申し上げたことで「ありがとう、ではこれをいただきます」とご購入いただいたときには本当に嬉しく、お客様のお役に立てたことを誇りに思ったものです。このときの喜びが、今のコイン販売に取り組む姿勢にも通底していることは間違いありません。

苦難の壁

　こうしてY社長の元で、10年ほど鍛えていただいた後、私は実父が経営する調整薬局チェーンへと入社しました。これは大学卒業時に父から言い渡されていた私の人生設計の予定に基づいたものでした。

　Y社長に強い影響を受け、ある程度の自信も身につき、父の会社で自分の力を存分に発揮しようと意気込んでいた私を待ち受けていたのは、理想と現実の相違でした。550人もの社員を抱えていた父の経営方針は、10年間お世話になったY社長とは対極にありました。社会への貢献や、社員同士のコミュニケーションを重んじていたY社長の会社とのギャップに私は大きな戸惑いを感じずにはいられませんでした。

　正直に申し上げて、私は自分がよいと信じるものは、つい人にもすすめ

たくなるところがあります。何より、Y社長の薫陶を受けた10年間の社会人生活が、私にとって意義深かったために、会社とは人間を成長させる場所だという思いが強く根づいておりました。そのため、父の会社の企業風土を深く理解する前に、前の会社の企業風土をなんとか根づかせようとやみくもに動いてしまったのです。

今になってみれば、父の会社の社員の皆さんにとっては、自分たちの会社のやり方こそが、これまでの発展に結びついてきたとの思いがあるのも当然だとわかります。

しかし、当時、まだ若かった私は、理想の職場をつくることにこだわり、父に意見ができるのは自分しかない思いもあって、1人で前のめりになっていました。煙たがられることを恐れず、どんどん意見を述べ、改革すべき点を探しては上に提案を繰り返していたのです。

そして、気づくと私は、周囲から浮いている社員になってしまっていました。理想を持つことは大切なことですが、それを大義名分のように振りかざしても、人はついてこないのだと後になって悟りました。

今となっては父の配慮だったのだと思いますが、私は営業から倉庫勤務へと配置転換をされました。はっきり言えば左遷です。父からしてみれば、周囲と上手くやれない我が息子を見ていられず、少し頭を冷やせとでもいうつもりだったのかもしれません。

しかし、その当時の私は、自分は正しいことをしているのに、なぜ認められないのかと、怒りを覚えたことを今でも覚えています。とはいえ、成す術はなく、与えられた仕事をまずは懸命にこなしていました。すると、今度は父が経営していた系列の老人ホームへの出向を命じられました。

これも、今ならすべての仕事を現場レベルから理解せよという父からの課題だったのかと思えるのですが、もともと営業が性に合っていた当時の私にとっては、どんどん本来の自分のいるべき場所から遠ざけられている、そんな思いにとらわれてしまったのです。

そんな忸怩たる思いを抱えたまま、勤め始めた老人ホームは想像以上に厳しい職場でした。皆様もご存知のように、介護職という仕事は本当に大変な仕事です。職員の入れ替わりも激しく、色々なタイプの人が次々と入っ

てきました。それが私にとっては、少なからずカルチャーショックとなってしまったのです。

　結果から申し上げて、私はこの職場に通い続けることに精神的な限界を感じてしまいました。家を出て職場に向かうことにすら困難を感じるようになってしまったのです。

沖縄での再生

　そんな折、妻の郷里である沖縄の宮古島で、建築の仕事をしないかと誘われました。私は介護の現場から逃げたいという思いだけで、その話を受けました。宮古島での仕事は、いわゆる肉体労働でした。建築資材を運んだり大工の見習いのようなことをしたり、毎日ハードな作業の連続で、体はくたくたに疲れておりました。

　しかし、それがよかったのかもしれません。疲れ果てて何も考えられず泥水のように眠ってしまう日々は、体力的には辛かったのですが、介護の仕事でくたびれ果てていた私の心の再生に役立ったのです。仕事だけではありませんでした。沖縄の青い海と澄んだ空気、そして何より沖縄の人たちの温かさや明るさも、私の心を癒してくれました。

　1年間という短い期間でしたが、沖縄の皆さんの優しさに触れたことは、私にとって大きな財産となりました。多くの方が、大らかで広い懐を持っておられ、こちらが躊躇している間もなく心を開いて、よそ者である私を受け入れてくれたのです。それは新鮮な体験でした。そして、私は、沖縄の方々の優しさに触れて、自分自身もこのような大らかな心を持ちたいと思うようになりました。

　1年間の建築の仕事で私は、傷付いていた心を立て直すことができました。宮古島という土地とそこで暮らしている皆さんへの感謝の念は今も消えることはありません。

　もしも順風満帆な時期に宮古島で同じような暮らしをしていても、私はここまでの癒やしを得ることもなく、感謝の気持ちを覚えることもなかったでしょう。人間には、傷ついてからしか学べないことがあるのだと悟りました。

再びの挫折

1年間の沖縄生活を経て、心身共にリフレッシュした私は新たな気持ちで、再び父の経営する介護施設に戻ることになりました。しかし、今度は一介の介護職という立場ではなく、管理者として戻ることになったのです。

沖縄で人として大切なことを学んだ私は、新たな管理者という立場もあり、なんとか職場の雰囲気をよくしようと努力しました。Y社長に学んだことを活かすチャンスだと、心を込めて職員に対応したり、職場環境を改善する努力をしたりなど、自分なりにできることはすべてやりました。

しかし、相変わらず職員の出入りは激しく、せっかく経験を積んで育った人も、ある日いなくなります。給料への不平不満を言われるのは日常茶飯事、職員同士のいさかいや、仕事の手抜きなど、問題が山積していました。

そして、私はといえば、社長の息子というだけで、職員からしてみれば煙たい存在であったのでしょう。職場や仕事に対する不平不満が、私に対しての恨みという形で積み重なっていたようです。努力だけでは、どうにもならない現実があることをまたも身にしみて知らされました。

ある日、職員が連名で父に「私を辞めさせなければ、職員全員が退職する」と宣告する事件が起りました。父も苦渋の決断を迫られたことと思いますが、さすがに職員全員と私を天秤にかけることはできず、私は老人ホームを去ることになったのです。再起を期して戻った職場を上手く運営することができず、私は完全に自信を失ってしまいました。

失意の日々

それからの私は仕事を探すこともせず、ただ呆然と日々を過ごしていました。父からの援助もなく、これまでの貯金で生活をしのぐことになりました。当時はまだ娘も小学生でしたから、これからの生活をどうするのか、まったく見通しの立たない日々をただ息をひそめるようにしてやり過ごしていました。

家族も不安だったと思います。当時のことを思うと、今でも妻には頭が上がりません。仕事を探すでもなく、ため息をついている私をどのような思いで見ていたことでしょう。しかし、妻はそんな私を責めることはなく、

ただじっと見守っていてくれたのです。立ち上がらねばならないと思いながらも気力が出ない私にとっては、一番ありがたい思いやりでした。

しかし、ついに幼い娘にも父の姿がいぶかしく映ったようで、ある日「お父さんはどうして毎日、家にいるの？」と聞かれてしまいました。この言葉は心に刺さりました。それから私は娘が学校に行く前に家を出て、図書館や公園で時間を潰してから家に帰るようになりました。

そんなあるとき衝撃的な出来事がありました。ラグビー部の同級生で万福という男に偶然再会したのです。久しぶりと邂逅を喜び合い、最近どうだという話になりました。私が今はニートのような無為の生活を送っていると言うと、彼は表情を一変させました。はっきりとした言葉は覚えておりませんが、彼は厳しい表情で「俺は負け犬とは付き合わない」というような内容の言葉を私に投げつけたのです。ぐうの音も出ませんでした。悔しかったの一言です。

思えば彼は学生時代からラグビー部でもチームの中心を担うようなタイプで、向上心の塊でした。そんな彼から見て、仕事をせずに鬱々と日々を過ごしている私のことが歯がゆくてならなかったのだと思います。しかし、そんな彼の辛辣な一言は、その後の私が再び立ち上がろうとする前向きな力へエネルギーをくれたようでした。このままではいけない、私はそう思い、歯を食いしばってはいあがろうともがき始めました。

不思議なコイン

そんなとき、人生の師であるY社長にお目にかかる機会がありました。以前、お目にかかったときに、私は自分の窮状を既にお話していたのですが、Y社長は温かいまなざしで私を包んでくださり、さりげなく私に1枚のコインを渡してくださったのです。

「お嬢さんに、お守りがわりにお渡しください」との言葉を添えて。

それは、天皇陛下のご在位を記念する500円硬貨でした。不思議に思いながらもY社長のことですから、きっと何かお考えがあってのことだろうと、娘に渡すと想像以上に喜んでおりました。

後日、聞いたことなのですが、当時、娘は毎晩のように悪夢にうなされ

て不眠に苦しんでいたのだそうです。ただ、父親がこのような状態ですから、親に相談することもできず1人で悩んでいたのでした。当時まだ10歳前後でしたでしょうか。家庭のひずみは、家族に何らかの影響を与えると申しますが、父親である私が苦しんでいるのと時を同じくして、娘も正体不明の不安感にさいなまれていたのです。

ところが、Y社長にいただいたコインを手にしたその日から、娘は悪夢を見ることがなくなったのです。毎晩ぐっすりと眠れるようになり、そのコインを肌身離さず持っていたと後に教えてくれました。これもY社長の不思議なお力がもたらしてくれたものだと思うのです。社を離れた後も、Y社長に守っていただいているようで、心強く思ったものです。

そんなことがあってからしばらくして、本屋に出向いたときに、1冊の本が目につきました。

希望につながる扉

それこそが、コインの本でした。1冊の本との運命の出会いでした。吸い込まれるようにその本を手に取り、取った瞬間に「これだ」と思いました。その本を夢中になって読み終えたとき、私の目の前に新しい風景が広がっていたのです。これは仕事になると直感したのでした。

失業してからというもの、自分に何ができるのかと模索の日々でした。あらゆる本を読みました。色々な人にも相談もしました。しかし、何かが違うという思いが拭えませんでした。ところが、コインの本を目にした瞬間にわかったのです。自分が何をすべきなのか。

思えば、Y社長がお渡しくださったコインが、このことの布石になっていたのでしょう。Y社長の不思議な直感力には感服するばかりです。またも助けていただいた、そんな思いでした。運命に導かれるがごとく、私の前にコイン販売という新しい可能性の扉が開いたのです。

そして、私は思い出しました。子どもの頃、外国に住んでいた伯父からもらった海外のコインを夢中になって集めていたことを。少し成長してからは、小遣いで買うのは決まってコインでした。お気に入りのコインを宝箱の中に1枚、また1枚と集めていく喜びがよみがえりました。それを思

い出したとき、迷いは消えました。Y社長がかつておっしゃっていた「偶然ではない、すべては必然なんだよ」の言葉もすっと胸に落ちました。

起業

　それからというもの、私は起業に向けて猛勉強をはじめました。意外に奥が深いコインの世界に魅了され、勉強も全く苦ではありませんでした。まずはコインを見る目を養うことから始めました。各地のコインショーを巡り、展示されている品を見たり、どのような価格設定がされているのか、展示方法はどうなのかなどをきめ細かくチェックしました。

　ある程度、コインについて詳しくなったところで、ネットショップを立ち上げ、コインの売買を始めました。ネットでは実に様々なコインが売買されていました。価格も様々です。あらかじめ知識を得ていた私は、通常のショップとは異なり、ネットオークションでのコインの値段が安いことに驚きました。これはお買い得だと思い、コインをどんどん購入し始めました。しかし、それが間違いだったのです。スラブに封入されていない未鑑定のコインばかりを買い集め、まとめて鑑定に出してみたところ偽物が複数混じっていました。

　これほど精巧な偽物が出品されているとは夢にも思わず、偽物をつかまされてしまった悔しさには、体が震える思いでした。しかし、そのことがきっかけで、私は真贋が何より大切だということを思い知ったのです。こんな思いを自分のお客様にさせるわけにはいきません。自分の店では、絶対に「本物しか扱わない」と心に誓いました。

　ですから、弊社では基本的に鑑定を受けた品しか扱っておりません。どんなにいいコインだとしても、それが偽物だったとしたら、それはただのイミテーションでしかないのです。

　実際に会社を立ち上げてしばらく経ったときに、「よその店で偽物をつかまされたから、もうコインは買わない」と打ちひしがれた様子のお客様がいらっしゃいました。私はその方に自分も過去に同じような被害にあったことを話し、「だからこそ私の店では本物しか扱わない」とお伝えしました。すると、その方は「自分がだまされたにも関わらず、自分の店では本物し

か扱わない心意気に打たれた」とその後もお取引をいただいています。

こうした経験を通じて、コインとお客様の出会いのサポートこそが、私の天職だと自信を深めることができました。また「コインが人を選ぶ」というセオリーを目の当たりにする機会が何度もございました。本当に不思議なことなのですが、大変レアなコインであるにもかかわらず、お客様が欲しいとおっしゃっていたコインが、偶然、手に入ったりするのです。

また、直感的に「このお客様には、このコインがふさわしい」と思い、おすすめしてみたところ、お客様から「このコインを買わない理由が見つからない」と最上級の肯定のお言葉をいただいたこともあります。コインコンシェルジュとして、天にも昇るような喜びでした。

そうした姿勢がお客様にも認めていただけたのか、私の店舗は瞬く間にネット通販のアンティーク部門の月間売上1位に輝くことができました。当時はまだアンティークコインを扱うライバル店が少なかったことから、海外のアンティークコインを手に入れることも難しくありませんでした。

また不思議なことですが、普通では手に入れられないような珍しいコインが、まるで呼ばれるかのように私の手元にやってきてくれるという幸運も重なりました。これもY社長がおっしゃる「偶然ではなく、すべては必然」という法則が働いていたのかもしれません。

店を立ち上げて3年目には、数百名を超える顧客の皆様とお付き合いしていただけるまでになりました。そして5年目には神戸に念願だったショールームを開くことができたのです。そしてそれから2年後、同じビルのさらに上階に広いショールームをオープンすることができました。今では、日々多くのお客様とお取引をさせていただいております。

国内ではここ10年ほどで、コインを扱う店が急激に増えました。中には競争に敗れて、店を畳んだところもあります。そんなお店の経営者の中には、「安井さんのところで、うちの事業を引き継いでほしい」と後を託してくださった方もおられます。これはコイン販売業界だけの特殊な環境なのかもしれませんが、ライバル店同士でありながら、横のつながりが強く、お互いにコインを融通し合ったり、助け合うことも少なくありません。

イギリスのアンティークコインならコインパレスが専門と、他店が紹介

してくださったり、逆にお客様の欲しいコインが手元にない場合は、他店に問い合わせたりと、業界内で協力しながら事業を営んでいけるのも、私の性に合っていると感じています。

　一方、私たち新興のコインディーラーに対して、一部の老舗ディーラーからは、「にわかコイン商」などと厳しい視線を浴びせかけられているのも事実です。しかし、弊社は、アンティークコイン、それもイギリスのコインにターゲットを絞ることで、より専門性が高く、そして本当に価値ある品を豊富に備えていることに誇りを持っています。

　そうした内実をご覧にならず、ひとくくりに「にわかコイン商」と決めつけられてしまうことに鬱屈たる思いがございます。どんな業種も新規参入は当たり前のことです。飲食業界などは、まさに新規参入が盛んな業種だからこそ、大規模な発展や新規のアイデアに溢れる新陳代謝が活発な業界なのではないでしょうか？　硬直した思考に囚われた硬直した業界に未来はありません。私たち新興のコインディーラーも、業界に新しい風を吹かせて、お客様にとって、よりよい業界へと発展させていきたいだけなのです。

　その意味で、新興コインディーラー同士、横のつながりで助け合いながら、コイン業界の発展に力を尽くしていることは、とても心強く思えます。

　協力という言葉で思い出しましたが、無職の頃、途方に暮れていた私に「負け犬とは付き合わない」と、厳しい言葉をかけた友人、万福とのその後について少し触れさせてください。

　実は私がショールームをオープンしてしばらく経った頃、万福が突然訪ねてきました。彼は、風の便りに私が再起してがんばっていることを聞き、訪ねてきたと言いました。そして、私としばらく話した後、「ぜひ今後仕事で協力していきたい」と申し出たのです。私は耳を疑いました。「付き合わない」と絶交宣言された時の言葉が、はっきりと脳裏に刻まれていたからです。彼の申し出に対しての私の答えはもちろん「イエス」でした。

　なぜなら、あのどん底の状態で彼にあのような言葉を浴びせられなければ、今の私はなかったのです。辛いことがあっても逃げ出さずにやってこられたのは、あの彼の厳しい言葉を見返してやりたいという思いがあったからに違いありません。まさに「すべては必然」、彼のあの厳しい言葉も

私にとっては、必要な傷だったのだと思ったからです。

　もしも私同様にコイン販売に興味があり、新たに事業を始めてみたいとお考えの方がいらしたら、声をかけていただければ、ノウハウをお教えしたいと思います。それは私がかつてY社長に社会人としての基礎を育てていただいたように、私が社会にできる恩返しだからです。

神の戸、神戸の地

　さて、コインパレスのショールームは、私が社会人になって初めて勤務したY社長の会社のすぐ近くにあります。新幹線の新神戸駅から徒歩4分と絶好のロケーション、リーズナブルな賃料、万全のセキュリティ、窓から見える爽快な景色と、私にとっては、これ以上を望めないほどの好立地です。ここを選んだのは、夢や希望、毎日が驚きと感動に満ちた新社会人時代を過ごした場所の近くという縁を感じたこともあります。

　そして、神戸という土地は、西洋のアンティークとは相性がいいようです。神戸は慶応3（1868）年の開港以来、外国人居住地ができるなど、早くから西洋の文化が入ってきました。今でも当時の洋館が残る街並みは、独特の空気感を醸し出しています。ラムネやマラソンは神戸が発祥の地とされていますし、洋服や西洋の家具、洋菓子など海外の文化が神戸から入り、日本各地へと広がっていったのです。

　実は平安時代末期には、大輪田泊と呼ばれていた神戸港が、平清盛が音頭取りをした日宋貿易の拠点となっていました。日宋貿易では、平清盛は、大量の宋銭を輸入し、国内で流通させていたそうです。それが日本の通貨経済の基礎となったとされています。

　神戸とコインには、1000年の昔から強いつながりがあったのです。

　さて、私がいくつもの扉を開けて、ようやくたどり着いたのがアンティークコインの殿堂、コインパレスです。そのコインパレスがある土地が、神の戸と書いて、神戸という地名であることにも何かしら浅からぬ符号のようなものが感じられてなりません。

　ありがたい地名に恥じることのないよう、日々心を正して事業に取り組んでいかねばと決意を新たにいたしました。

おわりに

　本書を最後までお読みくださりありがとうございました。こうして最後まで原稿を書き終えることができたのも、スタッフや家族の協力のおかげです。特に妻には、私が無為の日々を過ごしている間も笑顔で支えてくれたことに感謝してもしきれない思いです。

　私事で恐縮ですが、つい最近、妻と娘を連れて初めての長期旅行をすることができました。これまで支えてくれた2人への感謝の気持ちをこめた贈り物です。数年前には、毎日の生活をどうしようかと途方に暮れていたのに、人生とは本当にわからないものです。どのような苦境にあっても諦めてはいけないのだと、私は自分自身の人生から学ぶことができました。

　そして日本全国にいらっしゃるコインパレスのお客様方には、感謝の言葉しかございません。どなた様も、いずれ劣らぬ素晴らしいお客様ばかりです。年齢に関係なく、色々と教えていただいたり、時には私の至らなさゆえに、お叱りの言葉を頂戴したりすることもありますが、こうしたお客様のおかげで日々、成長させていただいていることにこの場を借りて深く御礼申し上げます。

　もちろん私は、ここがゴールだとは思っておりません。これまで、たくさんのお客様からいただいたご縁のおかげで、こうして今があるのですから、そのご恩を返すためにも、さらなる前進を心に期しております。人と人の縁が必然であることを肝に銘じて、これからも1人でも多くのお客様のお役に立てるよう誠実に全力で取り組んでまいりたいと思っております。

　本書は投資の参考となる情報・技術を提供するために編集されました。万一この情報に基づいて被ったいかなる損害についても、一切責任を負いません。最終的な投資の意思決定は、お客様ご自身の判断でなさるようお願い致します。本書の内容につきましては、一切の責任を負うものではありません。

安井　将弘

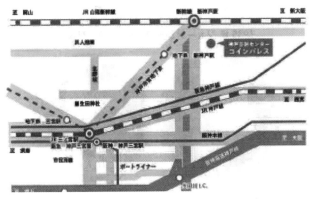

アクセス

○関西国際空港・大阪国際空港（伊丹空港）　リムジンバスのご案内

　　関西国際空港・三宮間　約 65 分

　　大阪国際空港（伊丹空港）・三宮間　約 40 分

○神戸空港　ポートライナーのご案内

　　神戸空港駅・三宮駅間　約 18 分

※三宮からは神戸市営地下鉄「新神戸駅」で約 2 分、またはタクシーをご利用ください。

著者略歴

安井　将弘（やすい　まさひろ）

株式会社コインパレス代表取締役社長。
近畿大学付属高校卒、帝塚山大学卒、奈良県出身。
日本におけるアンティークコイン投資の第一人者。2008 年まで勤務した神戸の商社を退職後、家業のサン薬局チェーンのプロパーとして勤務、沖縄（宮古島）での建築見習い、その後有料老人ホームへの勤務を経て退職する。恩師より頂戴した 1 枚のコインを機に独立。ヤフオクの「アンティークコイン部門」で月間売上 No.1 を達成する。自らコインショップの株式会社コインパレスを設立し代表取締役に就任。神戸に日本初の本格アンティークコインのショールーム兼ラウンジを開設。アンティークコインのコンシェルジュとして日夜研鑽に励む。

改訂版
ついに最後の投資になる！
はじめてのアンティークコイン投資

2020 年 8 月 6 日　　初版発行
2023 年 7 月 24 日　改訂版初版発行

著　者　安井　将弘　　ⓒ Masahiro Yasui
発行人　森　忠順
発行所　株式会社 セルバ出版
　　　　〒 113-0034
　　　　東京都文京区湯島 1 丁目 12 番 6 号 高関ビル 5 B
　　　　☎ 03（5812）1178　　FAX 03（5812）1188
　　　　https://seluba.co.jp/

発　売　株式会社 三省堂書店／創英社
　　　　〒 101-0051
　　　　東京都千代田区神田神保町 1 丁目 1 番地
　　　　☎ 03（3291）2295　　FAX 03（3292）7687

印刷・製本　株式会社丸井工文社

Printed in JAPAN
ISBN978-4-86367-825-5